优等生"优"在方法对路

刘会然 编著

中国书籍出版社
China Book Press

图书在版编目(CIP)数据

优等生"优"在方法对路 / 刘会然编著. —北京：
中国书籍出版社,2014.9
ISBN 978-7-5068-4420-8

Ⅰ.①优… Ⅱ.①刘… Ⅲ.①学习方法 Ⅳ.
①G791

中国版本图书馆 CIP 数据核字(2014)第 210210 号

优等生"优"在方法对路

刘会然　编著

策划编辑	尚东海　武　斌
丛书统筹	尹全生　成晓春
责任编辑	成晓春
特约编辑	李新慧
责任印制	孙马飞　马　芝
封面设计	欧阳永华
出版发行	中国书籍出版社
地　　址	北京市丰台区三路居路 97 号(邮编:100073)
电　　话	(010)52257143(总编室)　　(010)52257153(发行部)
电子邮箱	chinabp@ vip.sina.com
经　　销	全国新华书店
印　　刷	三河市天润建兴印务有限公司
开　　本	710 毫米×1000 毫米　1/16
字　　数	240 千字
印　　张	13.5
版　　次	2014 年 11 月第 1 版　2014 年 11 月第 1 次印刷
书　　号	ISBN 978-7-5068-4420-8
定　　价	26.00 元

版权所有　翻印必究

前 言

在同样的学习环境下，为什么有的学生成绩好，有的学生却成绩差；有些同学每天看起来非常悠闲，每次考试却能得高分，而有的学生整天埋头苦读、挑灯夜战，成绩却怎么也提不上去。鉴于种种原因，有的学生便对那些出类拔萃的"尖子生"产生了羡慕与崇拜心理，觉得他们天资聪颖，禀赋超人，自己无法相比，进而消极颓唐，失去进取之心。其实，这种想法大谬不然。

大量事实表明，那些学习中的"尖子生"，并非都具有超凡的天赋。他们之所以能够取得令人羡慕的成绩，是由于他们懂得运用科学的学习方法。他们对待学习都有自己的绝招，懂得如何"在玩儿中学，在学中玩"；懂得如何复习、如何考试；懂得如何做才可以使自己的努力达到事半功倍的效果。可见，要想取得优异的学习成绩，得靠方法、技巧。正因为"尖子生"掌握了有效的学习方法、技巧，所以，他们的学习成绩遥遥领先。

《优等生"优"在方法对路》一书，通过广泛地走访调研，荟萃诸多尖子生的成功经验，并融入最新教育理念，以实用性、针对性和可操作性为原则，从正确认识自己、明确自己的目标、合理利用时间、培养学习兴趣、学习（预习、上课、提问、作业）、科学记忆、调整心态、复习、考试等不同角度加以解读，全面地分析了尖子生的成长历程。

品读此书，可以让读者真正地了解尖子生的学习技巧。"以人为鉴，可以明得失。"通过揣摩尖子生的学习技巧，你在学习中的种种疑惑会豁然开朗；你会明确"题海战术"是否有益，"头悬梁""锥刺股"是否可取；你也一定会懂得该如何规划自己的奋斗目标,如何科学地利用时间;你会有条不紊地复习冲刺,会无所畏惧地驰骋考场……

"路漫漫其修远兮,吾将上下而求索。"相信拥有此书,你已经在通往尖子生的求索之路上扬帆起航,成功的彼岸可望可至。

目录

第一章　充分认识自己

- 一、认识自己，就等于认识最大的敌人 …………………… 3
- 二、要想立足，先学会竞争 …………………………………… 5
- 三、你不可能事事都"第一" ………………………………… 6
- 四、满招损，谦受益 …………………………………………… 8
- 五、近朱者赤，近墨者自然就黑 ……………………………… 9

第二章　明确自己的目标

- 一、有目标才能成就未来 ……………………………………… 15
- 二、目标也需要"循序渐进" ………………………………… 16
- 三、制订目标应遵循的原则 …………………………………… 18
- 四、不选最好的，只选适合的 ………………………………… 20

第三章　合理规划自己的时间

- 一、时间，衡量事业的标准 …………………………………… 25
- 二、让时间为我所用 …………………………………………… 27
- 三、寻求最"给力"的时间 …………………………………… 29
- 四、让时间不白流，不留白 …………………………………… 31
- 五、了解生物钟，学习不再难 ………………………………… 33

第四章 学习兴趣很重要

- 一、兴趣是学习的第一任老师 …………………………………… 37
- 二、因为兴趣，所以卓越 ………………………………………… 38
- 三、点燃兴趣的火焰 ……………………………………………… 41
- 四、给不感兴趣的科目"加营养" ……………………………… 43

第五章 重视预习的作用

- 一、笨鸟先飞早入林 ……………………………………………… 47
- 二、三类预习巧安排 ……………………………………………… 49
- 三、向预习要效率 ………………………………………………… 50
- 四、预习应注意的几个问题 ……………………………………… 51

第六章 向45分钟要效率

- 一、听课也是一门艺术 …………………………………………… 55
- 二、我不怕你"72变" …………………………………………… 58
- 三、学会"抓芝麻"才是硬道理 ………………………………… 60
- 四、好记性不如烂笔头 …………………………………………… 63
- 五、不可"一心二用" …………………………………………… 67

第七章 精思还会善问

- 一、培养思维的花篮 ……………………………………………… 73
- 二、敢于"一枝独秀" …………………………………………… 75
- 三、反其道而思之 ………………………………………………… 78
- 四、丰富自己的想象力 …………………………………………… 80
- 五、"开口"有益 ………………………………………………… 83
- 六、"跟屁虫"才有戏 …………………………………………… 84

第八章 课后及时补餐，形成良性循环

- 一、巩固课堂的"助推器" ……………………………………… 88

- 二、正确对待作业 ············· 90
- 三、怎样做好课后作业 ············· 91
- 四、因为完整，所以完美 ············· 94
- 五、重质量，也要重速度 ············· 96
- 六、延伸解题的视角 ············· 97

第九章　扼住错误的咽喉

- 一、预见错误，取得好成绩 ············· 101
- 二、把总结作为必修课 ············· 103
- 三、随时进行"圈地运动" ············· 105
- 四、提高解题能力的方法 ············· 107

第十章　"好"学习，学习好

- 一、把学习当成一种游戏 ············· 113
- 二、踏破铁鞋才有得"觅" ············· 114
- 三、天才在于勤奋，学习在于积累 ············· 115
- 四、要循序渐进，一口吃不成大胖子 ············· 117
- 五、掌握方法，让疲劳知难而退 ············· 119

第十一章　不断充实自己的大脑

- 一、想要学习好，就要会阅读 ············· 125
- 二、让读书成为一种兴趣 ············· 126
- 三、条条道路通罗马 ············· 129
- 四、寻寻觅觅"觅真知" ············· 131
- 五、要质量，也要速度 ············· 133
- 六、不碰笔墨不读书 ············· 136

第十二章　掌握科学的记忆方法

- 一、了解记忆"Family" ············· 141
- 二、把遗忘打入"冷宫" ············· 143
- 三、技巧永相伴，记忆永相随 ············· 145

- 四、想要记忆恒久远，须得抛弃"死读书" …………… 147
- 五、通过观察巧记忆 …………………………………… 150
- 六、怎样提高自己的观察能力 ………………………… 152

第十三章　劳逸结合，保证学习质量

- 一、8-1＞8 ……………………………………………… 157
- 二、课间休息更重要 …………………………………… 159
- 三、"马拉松"休息站，花香四溢 …………………… 161
- 四、找准自己的睡眠周期 ……………………………… 163
- 五、高质量睡眠有"洁癖" …………………………… 164
- 六、保持适度的紧张感 ………………………………… 166

第十四章　好心态，好未来

- 一、我相信我就是我 …………………………………… 171
- 二、给自己插上自信的翅膀 …………………………… 174
- 三、过渡期，让你轻松渡过这条河 …………………… 176

第十五章　高效复习，合理规划

- 一、我有方法，我有效率 ……………………………… 180
- 二、向复习瓶颈说"NO" ……………………………… 182
- 三、"多多"不一定"益善" ………………………… 184
- 四、考前冲刺重点抓什么 ……………………………… 186
- 五、经常用脑，多喝"N个核桃" …………………… 188

第十六章　决战考场

- 一、超准备，超水平 …………………………………… 194
- 二、有策略，考试不怕、不怕 ………………………… 197
- 三、相信自己的眼缘 …………………………………… 200
- 四、掌握标准化考试答题技巧 ………………………… 201
- 五、考后自我心理如何调适 …………………………… 205

第一章 充分认识自己

伟大教育家朱熹说过:"日省其身,有则改之,无则加勉。"这里的"日省其身"说的就是认识自己。

自我意识,是人们对自己的各种身心状态及对自己同客观世界的关系的认识,它是人类意识的一种表现形式,是个性的重要组成部分。从心理学的角度来看,自我意识是指一个人对自己各方面感觉、知觉的概括,其中主要包括对自身能力、兴趣、性格、需求等各方面的了解,对个人与他人关系的体会,对个人与周围环境关系的认识,以及对未来生活目标的认识与评价。

尖子生如是说：

☞ **2005年云南省高考文科状元吴倩**

第二次模拟之后的自我总结是不可或缺的，最好书面总结一下自己目前的学习状况，肯定优点，克服缺点。成绩优秀的同学复习的重点放在查漏补缺，有选择地做一些质量比较高的试题，保持状态，在练习和考试中发现自己的知识盲点。而中等成绩的同学则要制订计划，突击自己的弱势学科，放弃难题偏题，主攻课本。

要做到对自我的充分认识，调整后两个月的复习方案，与老师的交流必不可少。我当初备考的很多学习方法都是在与老师的交流中获得的。这样你可以少走一些弯路，少一份迷茫和焦虑。

☞ **2010年河北省高考文科状元刘长佳**

一定要明确自己的优势和不足，从而制订详细的学习计划。跟着老师走，不要盲目自信，按部就班地按照老师的安排学习，知识会掌握的特别扎实。注重学习效率。如到了高考冲刺阶段，有的同学还会用整节课的时间去抠难题，我则会规定自己每道题的答题时间不能超过20分钟，否则就要放弃。调整好心态，心态比实力更重要。

一、认识自己，就等于认识最大的敌人

我们每个人都有无穷无尽的潜能，然而能够发挥多少，则要看我们如何认识自我、战胜自我。在现实生活中，如果自我被夸大，就很容易使人产生虚荣心理，形成自满和自我陶醉。这种人喜欢炫耀、哗众取宠，不能客观地评价自己。同时，如果自我被贬低，就很容易产生自卑心理，认为自己无用、一无是处。有的人或许本来可以才华出众，成绩超群，却由于"非不为，是不能也"的妄自菲薄伤害了自我。俗话说："一个人最大的敌人莫过于自己。"想要战胜这个最大的敌人，首先要认识自我、了解自我。那么，应该怎样认识自己呢？

1. 自省法

自省是人的一种自我体验。人们在实际生活中，往往通过自我检查、自我反思来认识自己。而重大事件中所获得的经验和教训，可以提供了解自己的个性、能力的信息，从而可以从中发现自己的长处和不足。

2. 比较法

可以通过与同年龄伙伴在处世方法、对人对事的态度、情感表达方式等方面进行比较，"以人为镜"，找出自己的特点，来认识自己。比较时，对象的选择非常重要。如果找不如自己的人比较，或者拿自己的缺陷与别人的优点比，都会失之偏颇。所以，要根据自己的情况，选择条件相当的人进行比较，找出自己在群体中的恰当位置，这样认识自己，才比较客观。

3. 经历法

通过总结成功与失败的经验及教训来发现个人的特点，因为成功和失败最能反映一个人在性格、能力上的优点和劣势。

4. 评价法

在认识自己的时候，应该重视父母、老师和同学对自己的评价。他人的评价比自省更具有客观性。如果自我评价与他人的评价相近，那么就说明自我认识较好；如果两者相差过大，大多表明是自我认识有偏差，那么在这个时候就需要进行调整。当然，对待他人的评价，也需要有认知上的完整性，不可偏听偏信，要恰如其分地认识自己。

5. 用"二分法"认识自己

对任何事物的看法都应坚持唯物辩证的观点，对自己的认识也不例外，既要充分发现自己的长处和优点，也要认清自己的短处与不足。只有这样，才能够扬长避短、把握自己，取得更大的进步。

几千年来，很多思想家都告诉我们：要认识自己。但是，很多人都把它理解为仅仅认识自己消极的一面，所以大部分的自我评估都包括太多的缺点、错误与不足。认识自己的缺点是很好的，可借此谋求改进。但是如果只是认识自己的消极面，就会陷入价值观的混乱中，从而很容易使人觉得自己不再有什么价值了，那是很悲观、被动的。所以，想要正确、全面地认识自己，就决不能轻视自己。

二、要想立足，先学会竞争

现代社会是一个充满竞争的社会，竞争在很大程度上可以使社会富有生命力。一个人只有通过在竞争中取胜，才能够在事业上取得成功。那么，一个人在生活中该如何养成良好的竞争习惯呢？

1. **培养胆识**

竞争需要胆识。胆，就是胆量，是一种精神状态。有胆，就是有敢于为正义的事业奋不顾身、一往无前的精神。一旦有了这种精神，人们就敢于冒险、勇于探索，在改革的洪流中迎难而上、开拓前进；识，就是见识、知识，是一种理性思维能力。有识，具体表现为：有判断力，在任何时候、任何情况下都能够坚持正确的方向；有较丰富的科学文化知识，见多识广，了解实际并能驾驭实际。

2. **要力戒嫉妒**

要克服嫉妒心理，树立起"拼搏"的观念。具体地说，就是要把机会看成是一个开放的环境，而不是封闭的泥潭，要有敢于竞争的信心和勇气。力戒嫉妒心，因为嫉妒既能扼杀别人，也会扼杀自己，两败俱伤，对人对己都是有害无益的。

3. **要克服自卑感**

这是竞争取胜的保证。对于有自卑感的人来说，首先要正确认识自己。人的情绪情感是受生理因素、环境因素和认识因素制约的。其中认识因素起着非常关键的作用，它可以对自卑情绪进行调节和控制。所以，当我们在竞争中遭受挫折或者失败的时候，就要认真总结经验，分析原因。认识越深刻、越全面，就越有利于情绪的良性调节和控制。在人的一生当中，可能会发生各种不愉快的事情，当竞争受挫不可避免或者已经发生后，就应该为自己自卑的情绪寻找新的出路，决不可一直沉浸在过度的自卑中。更为重要的是，当由于竞争受挫而产生自卑感的时候，要对受挫的原因进行认真的分析，或者寻求更有效的竞争方法，或者调整个人的竞争标准，从而继续保持可贵的竞争热情，去争取新的胜利。

4. 要努力培养"努力达到最佳"的精神

拜倒在胜利者、强者、伟人的脚下，无可非议；但对成功的羡慕，不应只是感到"高山仰止"般的自卑，而应该相信自己同样能够在可能的范围内达到最好，努力拼搏到最好。所以只有在竞争中、在奋斗中，才可能达到最好。如果一个人没有追求、一切知足，那么也就无所谓什么"达到最好"地奋斗了。

要培养竞争心理，就必须使自己投身于竞争的熔炉之中，早一天具备了竞争心理，就能早一天成为强者，早一天达到自己的"最好"。

三、你不可能事事都"第一"

现代社会竞争越来越激烈，作为学生，也同样存在着激烈的竞争。人人都想着要拿"第一"，这是人们的普遍心理。但是，现实存在的问题是"第一"只有一个，想要争"第一"，就需要付出比别人更多的代价，而自己的压力自然也就比别人更重。

某大学男生王某在入校的时候是一名天资聪颖的保送生。王某对自己要求非常严格，学习勤奋刻苦，性格开朗、自信，而且要强好胜，从不落人后，对自己期望也很高，具有远大的抱负。在大学第一学期考试后，王某的学习成绩在全年级排在第一位，这使他感到非常荣耀。然而，有一次在学生会布置寒假社会实践活动的会上，当他看到同班的几个学习成绩远不如他却担任学生会干部的同学忙前跑后，备受同学们的关注，王某的心里很不是滋味，他强烈地感到自己已落后于人。他很难忍受这种感觉，决心一定要超过他们，出人头地，保持"第一"的核心地位。于是，在新的学期开始后，王某将大量的时间和精力投入到了社会工作中，有时甚至利用上课的时间准备各种学生活动。

功夫不负有心人，天资聪颖的他很快得到了同学的认可和老师的赞赏，一年级第二学期结束的时候，王某被选为班长，系学生会副主席。然而，一个人的时间和精力毕竟是有限的，当他在社会工作方面"出人头地"的时候，他的学习成绩开始明显下降，尽管他学习非常刻苦，并且将大量的休息时间都用在了学习上。第二学年开始后，王某仍然在社会工作方面加倍努力，而把他学习成绩下降的原因归结为自己还不够刻苦努力。于是，当他考试不及格的时候，就罚自己一天不吃饭，以警示自己更加刻苦学习。就这样，王某的学习成绩一路下滑，而他也一再惩罚自己，陷入了恶性的循环之中。到三年级第一学期结束的时候，王某出现五门功课不及格，并且面临着退学的危险。这时，王某万念俱灰，感到无颜面对父母、老师和同学，他感到自己的存在已经毫无价值，最后选择了坠楼自杀的不归之路。

王某极其要强，事事都要争"第一"的心理，最终将自己推上了绝路。他犯的主要错误就是给自己制订的奋斗目标远远超过了自己的实际能力，从而出现了挫折，产生了压力。更可惜的是，他不具有客观理性地面对困难的勇气以及适应困难、抵抗和应对困难的能力，最终致使悲剧的发生。所以，一个人不应为自己制订超出能力范围的目标，否则不但不能够化解自身的压力，反而会得不偿失。

所以，作为学生，没有必要总是争"第一"。我们学习的目的是发展自己，提升能力，名次只是展现自身能力的一个方面。

每个人都有自己的长处，也有其短处。在某些方面，也许不如其他同学，但是在其他方面，也许自己要比其他人强。而学生的主要任务就是学习，要在尽力学习理论知识的基础上，提高自己的实践能力，这才是最重要的。

四、满招损，谦受益

谦虚是学生在学习上能否取得良好效果的一个重要的思想品质因素。"虚心使人进步，骄傲使人落后。"这句话道理好懂，但实行起来却相当难。

而在学习上不谦虚、爱骄傲的同学，他们都有一个明显的特点：学习成绩起伏大。究其原因，就是因为他们不能够正确认识自己，不能正确对待老师和同学。他们喜欢用自己学习上的长处和别人的短处相比，喜欢挑老师的毛病，总觉得自己不简单，这也就很难从同学和老师身上学到人家的长处。而这些学生只要在学习上稍微取得一点成绩，就忘乎所以；但是一旦碰到一点挫折又容易灰心丧气。

那么怎样才能在学习过程中使自己谦虚起来呢？

一是要在学习上对自己提出更高的标准，即经过自己一番努力之后才能达到的标准，使自己时时感到学习上还有很多问题需要解决。

二是要和比自己强的人进行比较找差距。具体地说，就是和同班的优秀生相比、和同年级的优秀生相比、和学习条件比自己差而学习成绩比自己好的同学相比，还可以和历史与现实生活中的杰出人物相比，从中找到差距。再进而想一想：别人能办到的事自己是否也应当能办到。

三是要设想未来的事业将对自己提出什么要求。如果这样去想，那么就会感到自己要学的东西实在太多了，而现在取得的成绩实在是太少了。只有这样，才会不断进取，才能够在学习上取得更大的成绩。可以说，谦虚的品质正是一个优秀生学习成功不可缺少的美德。

五、近朱者赤，近墨者自然就黑

我们经常会听到很多俗语，都是说交朋友的好处，比如"多个朋友多条路""千里难寻是朋友""人生得一知己足矣""朋友多了路好走""一个篱笆三个桩，一个好汉三个帮"等。我们每个人都或多或少会有好朋友，在人生道路上，不管自己是悲伤还是快乐，是顺境还是逆境，这些好朋友都会给你帮助和心灵的慰藉。但是，如果不会选择朋友，交友不慎，不但不会给你带来帮助，反而还会给自己带来伤害。我们经常会说"近朱者赤，近墨者黑"就是这个道理。对于学生来讲，有的学生因为交上了好的朋友而发生了积极的、可喜的变化，时间长了，成绩也提高了，心态也比以前更好了；同样，有的学生也交朋友，但他们却经常因为交友不慎而害了自己，倍添烦恼。所以，正确地、慎重地交友是涉世不深的青少年学生需要注意的一个重要问题。

上初中的小程原本是一个很规矩的孩子，但自从与班上出了名的"问题学生"小龙混在了一起之后，他就发生了很大的变化。放学回家，两人原本不同路，但他俩却经常同出同进，还经常到网吧玩游戏。半个学期下来，小程期中考试数学和英语都不及格，而语文勉强及格。后来小程竟然发展到偷家里的钱到外面挥霍。在小龙的指使下，他还偷了班上一个同学的80元饭钱，随后在网吧挥霍一空。之后，小程又在小龙的介绍下认识了几个校外的不良少年，渐渐地就开始经常逃课，成为小混混中的一员。最后因为参与团体抢劫，他被关进了少管所。到这个时候，他才清醒地意识到正是自己的"好哥们"害了自己。

由于生活阅历很有限，所以很多学生对是非没有很清楚的判断。再加上自身的思想也不成熟等原因，都可能导致他们在选择朋友的时候没有明确的标准，因而带有很大的随意性。这样，往往会交到品德不好的朋友，最后给自己带来伤害。

跟人交往是一个人的个性形成与发展的必要因素，我们每个人都有人际交往的权利和渴望，而青少年学生对此的渴望则更加强烈。并且随着年龄的增长，由于心态、认知等诸方面的差距，青少年和家长之间的交流会越来越少，而与同龄人的交往则会越来越多。甚至可以说，在以后的人生路上，朋友之间的交往会逐渐占据主导地位。而这些交往对象的行为能对未成年人的行为起到非常大的暗示和榜样的作用。也就是说，与什么样的人交往，那么自己的行为就会越来越像那个人。所以，对于学生来说，朋友的选择至关重要，因为这关系着自己的前程和未来。一个人，如果他的一生能交上几个好的朋友，那么除了可以得到情感的慰藉，还可以互相砥砺。朋友之间，无论是在志趣上，还是在品德上、事业上，都是互相影响的。因此有人说，选择朋友就像是选择命运。

所以，建议广大学生，在择友标准上一定要特别注意，选择朋友在任何时候都不可急于求成，防止因择友、交友的不慎而带来烦恼和损失。科学的择友原则应该是：朋友之间要志同道合、相互尊重、相互帮助、相互理解、优点互补、性格互补、共同进步。而在明确"交友观"的基础上广泛地选择不同层次的朋友，要保持灵活性与原则性的有机结合。广泛地与人交往，在交往中观察和分析他人，既要坚持应有的择友原则，选择值得交往的、最亲密的朋友，也要考虑跟不同的人建立层次不同的伙伴关系，决不可滥竽充数，不加选择地接纳。

第二章 明确自己的目标

　　一个人无论做什么事情，都需要有一定的目标。一个人如果没有目标，走一步算一步，那就相当于是一只"无头苍蝇"，他的任何行为都没有意义。而目标具有两个方面的作用：一是努力的依据，二是目标激励。所谓目标激励，就是通过确定适当的目标，诱发一个人的动机和行为，达到调动人的积极性的目的。一个人只有不断地激发对高目标的追求，才能够激发其奋发向上的内在动力。

　　作为一个学生，一定要为自己确立一个学习目标。学习目标是学习的出发点，也是学习的归宿。而确立具体、明确的学习目标是每位学生的首要学习任务。如果学习目标越明确、越鲜明、越具体，就越有益于成功。

尖子生如是说：

☞ 2013 年江西高考文科状元

买了一本关于清华、北大读书梦的书整天捧着看，考上清华或北大是许长发从高中开始的梦想，一门心思朝着目标努力，如今总算有可能实现自己的梦想。

☞ 2010 年海南高考理科状元王智

当问起王智心目中的高等学府是哪所大学，王智的爸爸王强说，高考之前儿子曾和他们聊天时提到过，他曾表示想上清华大学，最好是工程类专业的。王强表示，至于孩子上什么大学和专业，将由孩子自己选择，孩子有自己的理念。

☞ 2007 年宁夏高考文科状元邢阳

考进北大一直是我心中的梦想，也是我努力的目标。虽然是文科生，但数学和地理成绩优异，不偏科。相比语文、历史，反倒更喜欢学习数学，享受解题的过程。

一、有目标才能成就未来

人的一生不能没有一个明确的目标和方向。目标与方向主导了我们一生的命运与成就，它是驱使人生不断向前迈进的原动力。若一个人心中没有一个明确的目标，就会虚耗精力与生命，就如一个没有方向盘的超级跑车，即使拥有最强有力的引擎，最终仍是废铁一堆，发挥不了任何作用。

明确的目标设定具有一种潜意识的强大能量。因为一旦人有了明确清楚的目标后，潜意识就会自动地发挥它无限的能量，产生强大的推动力，并且能够不断地瞄准和修正，自然地把我们引向目标的方向前进。

每个人都应该从实际出发去制订自己的目标。假如你的成绩名列前茅，那在制订目标的时候就要更高、更远，应该更多地去考虑各大名校的名专业，由此给自己设定各个阶段的目标；如果你的成绩属中游水平，那在制订目标的时候就要使自己大踏步前进，使成绩大幅度提升，并且努力向重点高校进发；倘若你的成绩不尽如人意，那你在制订目标的时候就要使自己紧追猛赶，尽快摆脱困境，同时应该现实地考虑自己的上学问题。如果没有意识到这点，那么你将会进入到一个周而复始的困惑之中。如，明明成绩不佳，但却一心想读重点大学，期望值过高，而在短期内成绩提高不明显，距离达到目标似乎遥遥无期，往往会使自己一蹶不振，心灰意懒；明明成绩中游，但脑海中一直想着名牌高校，没有非名校的概念，这往往会使自己陷入惆怅之中。

实际上，无论你的高考有怎样的结果，都不要责怪他人，也不要抱怨上天的不公平，毕竟过程是结果的直接影响因素，而这样的结果也都是你平时的努力付出换来的。如果结果并不理想，那可能是因为自身的学习方法不得当，又或许是因为自己努力得还不够，总之一定能够找到问题所在。

从实际出发制订的目标是最现实、最有效的。假如自己已经把这一个又一个的目标实现了，那可以说自己已经尽到了全力。人生有目标，学习有目标，高考更应有目标，有了目标才会有成功。

二、目标也需要"循序渐进"

对于学生而言，最主要的任务就是学习。在实现了一个个小目标之后，经过不断努力，从而实现自己未来的大目标。实现从小目标到大目标的"循序渐进"过程，就是成就自我的过程。而对于即将面临高考的学生而言，不少同学虽然有奋斗目标，但实际上也就只是个方向，还不够具体。只有在制订了自己在不同阶段明确的奋斗目标以后，并且配合相应的心理训练，这样才能不断地激励自己，克服困难，从而实现目标。

制订不同阶段的奋斗目标应注意以下几点：

1. 要有终生努力的方向和奋斗目标

高考成功与否，与终生努力的方向和目标关系非常的大。一个人，如果一直被远大目标所激励，就会不断地以强烈的使命感和责任感鞭策自己，从而使自己更加接近成功。如果一个人对使命感和责任感认识得越深刻，那么他的心态就越是积极、稳定，克服惰性的决心也就越大。

2. 明确五年、十年要达到的目标

对于高三的学生来说，从现在开始的这段时间，是其人生最紧要的时期：身体发育成熟，人生观价值观基本形成；完成了学业，并将走上工作岗位，开始打拼人生事业的基础。这段时间的人生目标并不一定能够完全实现，但如果以目标激励自己，目光远大，胸怀开阔，那么成功也将不远了。

3. 高三学年度的奋斗目标

高三学生要对自己有一个清醒的认识，如坚持和发扬哪些良好的品质，克服哪些弱点；完成了教科书的学习任务后，还需要自学或是复习哪些知识；学习上怎样做到以长补短，总成绩想要达到什么样的分数；体育锻炼需要达到什么标准；各项指标在班级的名次要上升到第几位；等等，都要做到心中有数。

4. 近期目标

仅仅有了长期计划还不够，还必须要有近期打算。可以制订半年或几个月或者是几周要完成的目标，而这些目标都应当是经过一段时间的努力学习之后能够达到的水平或高度。如英语要做100个阅读题、数学前进20分、班级排名要进前五名，等等。

5. 一天的具体安排

当我们从人的一生、五年或者是十年的角度来观察眼前具体的某一天时，就会不由自主地增强了紧迫感，甚至是有的得过且过的同学，也会变得严肃认真起来，从而更加全身紧张，立即行动起来。对于每一个人来说，都必须要紧紧抓住现在、调整好自己的心态，使自己的人生达到光辉的顶点。

三、制订目标应遵循的原则

对于学生而言，在制订目标的过程当中，要给自己一个准确的定位，设立恰当的、适度的目标。这样，就可以激发出良好的心理状态，使自己充满成功感，产生强烈的斗志。这也是迎考复习中常见的心理调节。

1. 目标要比自己现有水平适当高一些

目标过低，不经努力就能实现，不会使自己产生激情；目标过高，怎么努力也实现不了，会使自己感到遥不可及，也不会激发出干劲来。只有当目标既高于现实水平又有实现的可能，这时的激励作用才大。只有那些跳一跳能摘得到的"桃子"，人们摘它的欲望才强烈。

我们为自己制订单科复习目标、整体复习目标以及升学目标。就要去"摘"这种"跳一跳可以摘下的桃子"。

2. 目标不可过高

有些同学为了激励自己更加努力奋斗，喜欢把目标定得很高，大大超过自己的实际能力。比如今天本来可以复习两个问题，但计划里却要复习五个问题。结果虽然勉强复习了两个半问题，却把自己搞得十分紧张，心里老有一种没有完成任务的挫败感。天天像这样完不成预定的任务，时间久了，挫败感加重，自卑感也滋生起来，心态、情绪变坏。显然，这是目标过高引起的不良心理反应，很不利于迎考复习。

反过来，如果你的实际能力能完成两个问题，你的计划也要完成两个，结果你却完成了三个，超额完成了任务，这时你会意外地发现自己的潜力，心中自然生出一种自信。每天都能完成甚至超额完成预定任务，那会产生一种多么积极的心理效果！

由此可见，目标设立得不同，有时会产生截然不同的效果。为了保持复习中良好的心理状态，我们的目标不可定得过高。

那些大大超过自己实际能力的目标，看似宏伟，看似鼓舞人心，但实际上反而产生消极的心理影响，还是"跳一跳可以摘到的桃子"激励作用大。至于如何才能确定这样的"桃子"，那要在实践中不断摸索。这就涉及下面所讲的目标调整问题。

3. 随时调整，保持目标的激励作用

为了经常保持目标的激励作用，就要随时调整目标。最常见的就是复习计划的调整。如果原定两天复习完的内容一天就完成了，那么你就要给自己重新增加任务。如果原定两天完成，结果两天才完成三分之二，那么你就要延长时间或者减少任务。这样才能既不浪费时间又能保质保量完成任务。

一个阶段复习下来，经过考查（如考试），发现效果还不错。这时你就要提升原定的目标，要求得更高一些。如果经过考查发现问题很多，你就要反思你用过的方法是否得当，知识的重点是否抓住了，自己的弱点是否解决了，这些也是一种调整。

像上面的这些目标调整，在整个复习中是经常遇到的。同学们要善于利用目标的调整，激励自己向上奋争的心态。

四、不选最好的，只选适合的

我们知道，目标的制订并不是越高越好，每个人都应该根据自己的实际情况而定，不选"最好的"，但是一定要选择"最合适"的。这样的话，目标才有实现的可能。北京大学光华管理学院工商管理专业就读的王越，给还在为高考奋斗的同学们提出了几点建议：

1. 不要攀比

由于每个学生的学习实力和心态状况不一样，所以确定的高考期望值也不一样。但有的学生盲目地与比自己学习实力强的同学攀比，这样很可能会挫伤自己的信心。对学生来说，只要在高考中发挥出自己的真实水平就是成功的。

2. 高考目标期待适当

根据自己平时的学习实力和心态状况，同学们要实事求是地确定自己的高考目标。一般来说，可以根据考前一模、二模的考分确定高考成绩的期望值。目标不能太高也不能太低，如果目标定位过高，就会为难以达到目标而增加考试焦虑；如果目标定位太低，则会影响潜能的发挥。

3. 加强实力

考试信心是建立在考试实力的基础之上，因此，加强复习，提高实力是强化信心的重要措施。不打时间战，不"开夜车"，注意提高复习效率，建立知识网络与体系，学会利用已有的知识解决问题，有助于强化高考的信心。

4. 积极自我暗示

积极的暗示能增强人的信心，而消极的暗示则会降低人的信心。考试前学生不宜受到过多的消极暗示，因此特别要注意消除消极暗示的影响，以免影响自己的正常发挥。

5. 不要迷信

有的同学有迷信心理，比如说在考前看到乌鸦，就认为是不祥之兆，认为自己十有八九考不上好大学，还有的同学在考前相信电脑算命。其实考试成功与否，与自己平时的学习实力与高考时的心态决定。世界上不存在超自然的力量影响考试的成绩，考生要相信自己的力量，不要去求神、拜佛、算命。

每个考生的心态不同，所以说在不同情景下心理的变化也不尽相同，因此，要根据自己的情况运用积极的心理暗示进行调整，强化信心。

第三章 合理规划自己的时间

时间是无价之宝，正所谓"一寸光阴一寸金，寸金难买寸光阴"。李大钊先生曾经有一句话是这样说的"世间最宝贵的就是今天，最容易失去的也是今天，昨天唤不回来，明天还不确实，我们确有把握的就是今天。"对于时间的利用问题，关键在于掌握利用时间的方法和技巧。每个人一天只有24个小时，我们怎样才能发挥时间的最大值，让它像人一样"活跃"起来、"动"起来？这就需要我们对时间进行巧妙地管理以及合理地利用。

成龙成凤"成"在家教

尖子生如是说：

☞ **2007年四川高考文科状元张晨**

自己是一个学习有相当自主性的人，做事非常有计划。我喜欢有秩序的生活，有大计划也有小计划。我每一段时间都有一个大的复习版块，而每天会有一个小的复习计划，比如做语文试卷，看地理笔记等等。高三生活每一天、每一周、每一个复习阶段都有自己的计划，这些有秩序的学习方式可以最大程度地把我的能力发挥出来，让自己进入比较平稳的学习状态，不至于浮躁。我认为有规律有计划的学习是我成功的保证。我对自己的要求很高，总是希望自己做到最好，别人花30分钟做的事情，我可能要花40~50分钟。

☞ **2006年安徽高考文科状元曹姗**

始终明确自己奋斗的方向，从初中开始，就把每天要做的事情写在小字条上，做完一件划掉一件，哪怕有一件没做完，都绝不去睡觉。这个习惯坚持了6年，很有用，而且让我每天都有成就感。除此之外，我还比较注意总结，考得好考得不好都会总结一下。文科的东西要反复才能加深印象，我记忆力也不算太好，就一遍一遍反复，比如高三的时候，历史书就背了七八遍。

☞ **2008年河北高考理科状元马欣然**

每天早上起来，第一件事情就是安排当天一天的学习，总结自己学习中的薄弱环节，有针对性地学习，而不是盲目逮什么学什么。

☞ **2008 年浙江高考理科状元陈琨**

只要自己感兴趣的，不管是从报纸上看来的，从旁人那里听来的，上课老师讲的，都认真记录在一个小本子上。合理安排学习计划，规划两三天以后的学习任务，只要目标制订，全力去完成。

☞ **2011 年泉州市理科投档第一名黄宇健**

有一件宝贝，就是一本标注着密密麻麻学习计划的日历，在最后的备考自习阶段利用这本日历，在每周日就安排好接下来一整周的学习计划。大到总体目标计划，小到每天每个时段的具体安排。每完成一项就在后面打个钩，假如有个别小项目未能按计划进行，就大胆地把它暂时删去。

懒惰常常与生活散漫分不开。养成有规律的生活节奏是矫治懒惰习性的第一步。日常生活井然有序的人，做事就不会拖拖拉拉、疲疲沓沓。

一、时间，衡量事业的标准

英国大哲学家培根说："时间是衡量事业的标准。"我们在赞叹成功者成就大小的时候，实际上就是使用了时间这个尺度。伟人们在有限的一生中，做出了超越常人的贡献，这就是他们的伟大之所在。我们赞叹莎士比亚的伟大，想到他一生创作和翻译了 600 多万字著作；我们赞叹爱迪生伟大，也常离不开他一生有 1000 多项科学发明。

人才在时间中成长，在时间中前进，在时间中改造客观世界，并且在时间中谱写自己的历史。人类对各门科学的学习和研究，必须在一定的时间内进行。而人类创造的各种成果，必须经过时间来鉴定。唯有时间，才能使智力、想象力及知识转化为成果。而人的才能如果想要得到充分的发挥，尽快踏上成功之路，那么就必须养成充分利用时间的习惯。如果没有充分利用时间的能力，那么就不能认识自己的时间、计划自己的时间、管理自己的时间，而结果也只会是失败。

时间，是成功者前进的阶梯，任何人想要成就一番事业，都不可能一蹴而就，必须踩着时间的阶梯一级一级地向上登攀。时间，是成功者的资本。20 世纪美国著名生理学家瓦特·坎农在《科学研究的艺术》一书中指出："一个研究人员可以居陋巷、吃粗饭、穿破衣，可以得不到社会的承认。但是只要他有时间，他就可以坚持致力于科学研究。一旦剥夺了他的自由时间，他就被完全毁了，再也不能为知识作贡献了。"可见，获得时间资本对于成功者是多么的重要，而一旦损失又是多么的令人惋惜。伟大的物理学家牛顿在研究力学的时候，一场熊熊大火吞噬了他的财产，也烧毁了他数年来辛勤研究的手稿。然而，牛顿并不痛惜财产的损失，而是流着泪叹息道："可惜时间呀！"时间，是成功者胜利的筹码。射箭需要练一段时间才能射准，画画也需要多画一段时间才能精。成功必须是要有个定向积累的过程，这是人才研究中的一个重要原理。世界上不存在不需要花费时间便唾手可得的成功，也没有一蹴而就的事业。

一位著名作家指出："人的一生如此短促、如此渺小。一些小小的成功，固然只需付出很小的力量及很短的时间，但想要获得长久成功，一定要投入很大的心力及很长的时间。以一天为例，只有集中心力有效利用这一天，日后才会留存这一天努力的成果。而如果不立下目标，懵懵懂懂得过且过的话，一天还是一天，不会留下什么成果。一天如此，一周如此，一月如此，一年如此，一生都是如此。"所以，学生一定要养成节约时间的习惯，争取利用有限的时间多学习、多工作。在为社会作出更大贡献的同时，更好地实现自我价值。

二、让时间为我所用

经常听到有许多学生抱怨说："作业太多，没工夫学习""功课太多，没办法兼顾"。这其实都是因为他们没有安排好学习时间，学习没有计划。尤其是对于初三、高三的学生来讲，他们面临升学考试的压力，所以，很多同学们立即会感觉到学业似乎一下子繁重起来，作业变多了。除了各科老师课堂布置的作业、练习册，平时大大小小的考试，还有家长买的各种教辅。如果哪个科目偏科，家长还请家教等等。在这种情况下，学生如果不懂合理安排学习时间，不懂得制订学习计划，不能够真正做到"让时间为我所用"，那么就会感觉整天忙忙碌碌，却收获甚微。

那么，如何才能有效地利用时间呢？

第一，要拟好学习计划。要清楚地知道自己一周内所要做的事情或者是想要达到的目标，然后制订一张作息时间表。在表上填上那些必须要花费的时间，比如吃饭、睡觉、上课等。安排完这些时间之后，选定合适的、固定的时间用于学习，必须留出充分的时间来完成正常的阅读和课后作业。当然，也不应该让学习占据作息时间表上全部的空闲时间，适当的休息也是必需的，总得给业余爱好、娱乐留出一些时间，这一点对学习非常重要。

第二，学习时间的安排一定要服从学习内容。学习的内容必须要有主次、详略之分，要根据不同的学习内容合理地安排时间，这样的话，才不致造成无谓的时间浪费。

第三，提高时间的利用效率。在一天24小时的时间里，人的精力不可能时刻都保持同样的旺盛。所以，学生要根据自己的特点，分出轻重缓急，合理分配时间，就可以获得事半功倍的效果。

最后，集中运筹时间。就是要善于把一段时间集中使用到主要的、重要的事情上，不可人为地把整段时间裁剪成零碎的片断。如果一件重要的事情刚刚着手，就随便丢下而去做其他不是很重要、不紧迫的事情，结果只能导致零打碎敲，这样分散了时间，最后也只能导致事倍功半。

"天空没有留下任何痕迹，但鸟已飞过"说的就是时间易逝的道理。时间一去不复返，而抓紧时间是每一个中学生所必须要做的事情。"少壮不努力，老大徒伤悲"，所以我们更需要把握未来，把握现在，把握住宝贵的时间，发奋努力学习。

学生在学习的时候为了保证学习效率和质量，具体可以从以下几个方面做起：

（1）参照前文讲过的方法来制订一个切实可行的学习时间表。

（2）要把学习用具放在手头，随时准备使用。

（3）在学习的过程中不要胡思乱想。

（4）要学会经常地做课堂记录。

（5）选择一个适合自己特点的作息时间。

如果同学们能够做到这几点，就能够保证自己充足的时间来学习，就再也不会有时间不够用的感慨了。

三、寻求最"给力"的时间

  所谓，最"给力"的时间，就是指效率最高的时间段，在这段时间工作或者学习，都会达到事半功倍的效果。对于学生而言，要想真正提高学习效率，需要最充分地利用自己最"给力"的时间，如果把最重要的学习任务安排在自己做事最有效率的时间去做，就能花较少的力气，从而来达到最佳的结果。这是已经被众多有成就的人所证实的一条规律。

  其实，在一天的不同时间内，人的学习能力，包括记忆力、注意力、想象力及逻辑思维能力等，并非是一成不变的。这就要求每一个人首先要了解自己一天当中的身心状况，何时最佳、何时最差、何时最适宜做什么。即个人的性格、心情和生物钟，根据各类事物的特点（学习、工作、娱乐或做其他事情），找出每天学习的黄金时间，对学习做出最恰当的选择和安排。所谓学习的黄金时间，就是一个人一天中精神最集中，精力最充沛，学习效率最高的时间。每个人都有自己学习效率最高、做事效果最好的时间段。如果把这个时间段抓住了，效率自然也就高了。

  因此，要提高效率，除了保证充分的休息以外，还必须通过一段时间的实践，寻找出自己大脑活动的规律。什么时候记忆力最好、什么时候逻辑思维最活跃、自己擅长形象思维还是抽象思维等等，了解这些之后，然后安排自己学习各学科的时间，确定具体的学习方法。

一般来说，寻找这一时间段一般有以下几个步骤：

第一，要明确最佳时间段是整块的时间，而并非是零散的时间。至少是超出半个小时的时间，才称得上是一个整块的时间段，才值得我们去寻找。十分钟、八分钟的时间段，只能算作零散的时间。

第二，由于同学们是在校学习，整块的时间段一般要么在晚上，要么是在早上。因此，寻找最佳时间段的问题就转化为弄清自己是"猫头鹰"型还是"百灵鸟"型的问题。所谓"猫头鹰"型，就是指在晚上学习效率较高的人；所谓"百灵鸟"型，就指的是那些在早上学习效率较高的人。

其三，在确定了自己是"猫头鹰"型还是"百灵鸟"型之后，应再进一步研究，这一最佳时间段具体应该如何运用，这样才能取得最大效益。比如说，要探寻自己是在一定时间段就学一门功课效果好，还是交替学两至三门功课效果好，等等。

一般来说，脑力最旺盛、精力最易集中的时间可以用来学习需要记忆、需要理解、内容比较深奥的课程。比如清晨记外语单词的效率较高，就是人们共同的体会。教育家夸美纽斯主张上午学习那些需要作更多判断和记忆的课程，而午后则学习那些用手、用声音和表情活动的课程。现在大多数学校每日的课程表也基本上是这样安排的。

当精力状况较差，比如临近深夜，同学们感到精力不易集中的时候，则应选择数学运算等逻辑性较强的内容。因为数学运算稍有差池，就要做错，这就迫使自己专心致志。

对于中学生来说，脑子最清醒的时候宜从事最艰难的学习，钻研较深的问题；脑子较为疲乏的时候则适宜做比较轻松的工作或学习。大片集中的时间则适宜用于知识的整理、比较、联系等信息加工处理工作，或者学新课、攻难点、重点；而点滴零散的时间则用于知识的积累，或者复习旧课、预习新课、做习题等。

四、让时间不白流，不留白

我们时常会感叹，善于有效利用财富的人很少，但更让人惋惜的是，懂得该如何利用时间的人更少。善于利用时间要比善于利用财富更重要，这恐怕是一个众所周知的常识。时间对于每个人来说都是均等的，而聪明的人懂得如何利用时间，懂得让时间不白流，不留白，即不浪费一分一秒，不让一分一秒悄然溜过。

一个人年轻的时候，总觉得自己拥有非常充裕的时间，再怎么浪费也用不完！但是，我们要相信一句话，这个世上是绝没有免费的午餐的，等我们将来某一天意识到时间是如此宝贵的时候，那么那个时候恐怕也就只能剩下后悔了。其实，这种心态与消费财产是一样的，当一个人拥有一笔非常大的财产的时候，他就会不知不觉地大手大脚地耗费。但是，等到有一天，当他发觉这笔财产已被耗费得所剩无几的时候，想要再珍惜，就已经为时太晚，而且也不会有挽救的余地。对财富的消耗，由于它是一种有形的东西，所以还能引起人们的警觉。但是，时间却是一种无影无踪的东西，如果不时时提醒自己，那么它消逝得会更快，而且根本不会引起人们的警觉。实际上，在人们的日常生活过程当中，这样的情形是非常多的。

回顾历史，在威廉三世、乔治一世等时代颇具盛名的英国财务大臣劳伦斯，在生前就曾经说过这样一句话："切莫为一便士而笑！为一便士而笑的人，就会为一便士而哭。"这位大臣自己的行为就验证了这句话的千真万确，他还身体力行地为他的两个孙子留下了一笔巨大的财产。那么，这句话是否也适用于时间呢？当然，答案是肯定的。也可以这样说："为一分钟而笑的人，就会为一分钟而哭。"所以，五秒、十五秒的时间尽管十分短促，但也不可轻易忽视。如果不珍惜这五秒、十五秒的短暂时光，那么一天之中的许多时间就会被白白地浪费掉，一年下来，浪费的时间就无可计数了。

很多人常常会在不知不觉间就将时间全部浪费掉了。有很多人常会坐在椅子上，伸着懒腰，心里则在想着："我应该开始做什么好呢？时间这么少，做什么都不够……"可是，当他真的有大块的时间空下来的时候，这个人却还是什么也无法开始做，结果却让时间白白地耗费掉了。一般来说，这样的人的一生将一事无成，他无论是求学或者是工作都不会有什么大的成就。

然而，在对待时间的问题上，还有一点是应该注意的：不要把"空闲的时间"变成"空白的时间"。比如，和某人约好12点在某地相见，那么在11点离开家门，准备顺道赶在12点之前拜访其他两三位朋友。但是不巧的是，这两三位朋友都不在家，那么在这个时候该怎么办？到咖啡馆将这段时间虚耗掉？还是到附近的商店里去转转？而对于那些真正想有所作为的人，是绝对不会这么做的。他们可能会立刻赶回家，抓紧干点别的事情。能够有效地利用那些不是很整块的时间，才能真正做到节省时间，这样做也能够使我们觉得在这段空当里不会无聊。对于青年人来说，不能满足于过闲散、安逸的生活，应该活力十足、态度勤恳，而且要斗志昂扬。如果一个人能将自己现在的处境和未来的打算想通，那么他就会从心底里警醒自己：即使是一分一秒也不应该轻易浪费。

一个人如果连片断的时间都能有效地利用,那么他对时间就一定能更好地把握了。认为片断的时间没有什么用处,而轻易浪费,那么事后想要再将它们追回来就非常困难了。所以,对于学生来说,一定要要养成合理安排时间的习惯,一分一秒都得有意义地利用。

五、了解生物钟,学习不再难

每到黎明的时候,雄鸡就报晓啼叫;每当到傍晚的时候,蝙蝠就展翅飞翔。在大自然中,生物都按照特有的时间规律活动着,科学家把这种情形称作是生物钟现象,并认为在人身上也有"生物钟"。下面是一天中生物钟在人体中的变化情况:

1时:人进入易醒的浅睡阶段,则疼痛特别敏感。

2时:除肝脏外,体内大部分器官工作节律极慢。

3~4时:全身肌肉完全放松,血压低,脉搏和呼吸次数少,脑部供血量少。但听觉却很灵,稍有响动就会醒。

5时:肾脏分泌少。人已经历了几个睡眠阶段:浅睡、做梦及不做梦的深睡。此时起床,就会精神饱满。

6时:血压升高,心跳加快,易醒。

7~8时:免疫功能特别强,肝内有毒物质全部排尽。

9时：神经活性提高，痛感降低，心脏开足马力工作。

10时：精力充沛，处于最佳状态，是最好的工作时间。

11时：肝脏照样努力地工作，人体不易感到疲劳。

12时：到了全身总动员的时刻。

13~14时：肝脏休息，身体感到疲劳，需要休息。

15~16时：嗅觉、味觉最为敏感，工作能力逐渐恢复。

17时：工作效率提高，运动员的训练量可以加倍。

18时：痛感重新减弱，神经活性降低。

19时：精神最不稳定，任何小事都容易引起口角。

20时：反应异常迅速，司机此时驾车很少出车祸。

21时：为最佳记忆时间，最适于学生背诵。

22时：体温下降，血液内充满了白血球。

23~24时：人体进入休息状态。

由此可以看出，上午8~10时，晚上8~10脑皮层处于亢奋状态，是人的最佳用脑时间，应该把艰深的学习内容和创造性的脑力劳动放在这两个时间段里进行，而在其他时间里，学习相对轻松地内容。学生只要按照"生物钟"的规律合理安排作息时间，学习效率就会有提高。

第四章 学习兴趣很重要

　　一个人的兴趣，是伴随着注意而引起的从事学习的积极倾向和感情状态，是发展智力、激发学生学习主动性的催化剂。兴趣能够使学生的神经系统的兴奋水平得到提高，而且，可以使学生的智力和潜能都得到充分的发挥。所以说，学生想要学好某一门功课，就必须要培养自己的兴趣，兴趣是第一任老师。

成龙成凤"成"在家教

尖子生如是说：

☞ **2008年高考以131分成为江门市地理单科状元黄志飞**

黄志飞认为，之所以他这次地理考得那么好，是因为他对地理科有着浓厚的兴趣。

黄志飞说，高三的学习是很枯燥的，所以从一开始就要培养自己对学科的兴趣，主动接触它而不是被动接受它。他对地理的兴趣在小学时已经开始了。那时父亲买了一些地图，他就喜欢拿来看。他还经常跟做生意的父亲去外地提货，到过珠海斗门、湛江、阳江等地，回家后他就在地图上把去过的地方找出来。

☞ **2008年高考以142分居江门市高职类数学单科第一名黄清梅**

因为对数学感兴趣，所以每次在老师上课前都会预先细读每个环节，同时做好课后练习，将有疑惑的地方用深色的笔写上一个问号，引起自己的注意，以便问老师时有一个明确的方向。当老师给同学们出题目时，自己就把原来的题目进行深化或改动几个字眼，令其成为更有难度的题目，这既不让自己觉得数学简单，同时又不失去信心。

☞ **2008年高考以数学成绩141分成为江门市文科数学单科状元李慧文**

对于数学科，首要的是兴趣与自信心，这样才有不懈的动力攻破难题，攀登高峰，而要学好这一科，就要靠练习。通过练习找出自己的学习漏洞，掌握解题方法技巧，总结出解某一类题型的方法，这才是目的与关键所在

☞ **2011年北京高考文科状元伊思昭**

我觉得学一门课，最重要的是喜欢它。如果现在不喜欢它也要试着喜欢它，你喜欢它它也就喜欢你。要暗示自己喜欢这门课，我开始不喜欢数学，就告诉自己喜欢数学，后来就慢慢喜欢数学了。

一、兴趣是学习的第一任老师

众所周知，兴趣是学习的动力。如果没有动力，那么就不会有学习效率。

学习缺乏兴趣，除了与先天因素，比如与学生的性格内向、呆板等有关以外，还可能与学生的学习目的不够明确有关。

兴趣，是指人对一定事物或活动的带有积极情绪色彩的内在倾向性。人的倾向性包括两种：一种是外在的倾向性，它主要与人的无意注意相联系，是由外界刺激而引起的；另一种是内在倾向性，它是由于人对某种事物或者活动形成了肯定的态度，从而产生了积极的情感而导致的。当一个人力求认识某种事物、渴望从事某种活动，并从中获得了心理上的满足感的时候，就产生了兴趣。

根据兴趣的指向性，兴趣可以分为直接兴趣和间接兴趣。直接兴趣，是指由

事物或活动本身而引起的兴趣。比如，人们对听觉艺术、视觉艺术，诸如戏曲、影视等所产生的兴趣。间接兴趣，是指由活动目的、任务或者活动的结果而引起的兴趣。例如，有的同学对英语课本不感兴趣，但是由于英语是中考、高考必考的学科，具有一定的分数价值，也便产生了兴趣。

将直接兴趣和间接兴趣相结合，能够使学生产生学习的积极性和主动性，这是提高学习效率的必要条件。学生如果缺乏直接兴趣，那么就会感到学习枯燥无味；而如果缺乏间接兴趣，那么就很难维持长久的学习。缺乏兴趣的同学，学习就会缺乏积极性和主动性。调查发现，学生不感兴趣的学科，其学习成绩一般都不很理想。而且，缺乏兴趣的同学，往往也缺乏持之以恒的动力和坚持不懈的毅力。

所以，同学们要明确自己的学习目的，端正学习态度。只有明确了学习的重要性，懂得了知识的价值，才会在学习中自觉地培养直接和间接兴趣。

二、因为兴趣，所以卓越

有人说过，兴趣是最好的老师。兴趣是求知的向导，是学习的动力。学习兴趣越浓，学习的积极性就越高，对知识的掌握得也就越牢固，从而也就能够提高自己的学习成绩。一个人，只有对某一个东西产生浓厚的兴趣，进而由此喜欢上它，并且通过不断地为此而努力奋斗，那么，他就一定能够获得卓越的成就。所以，学生必须要注意培养自己良好的学习兴趣。

很多名人对兴趣做过很迷人的描述：

孔子："知之者不如好之者，好之者不如乐之者。"

爱因斯坦："兴趣是最好的老师……"

前苏联教育学家斯卡特金："教育效果取决于学生的学习兴趣。"

但是到底怎么才能够培养学习兴趣呢？

我们先来看看什么样的学生需要培养学习兴趣。往往需要培养兴趣的同学，都是那些在某一门功课上成绩不理想的学生，他们大多都是学习不好的同学。这些学生往往学习能力不强，不会学习，而成绩不好又使得老师、同学、家长都不喜欢他们。所以，学习带给他们很大的压力，恐惧和厌恶，甚至害怕学习。他们根本就不相信自己会学习好，更不用说有任何的兴趣。要培养学习兴趣，需要三个步骤：第一，树立信心；第二，提高学习能力；第三，因成绩提高而产生兴趣。

第一，树立信心。一个没有兴趣、学习不好的学生往往已经在学习方面经受过很多的打击，他们很难相信自己能够学习好。而且他们有很多理由可以证明这些，所以，要树立信心，首先要把他们心里深信不疑的那些认为自己不可能学习好的证据彻底消除。

第二，提高学习能力。有很多优秀的老师或者心理学家都有一些办法帮助学生树立起信心。信心在很大程度上支撑着学生的学习，然而，如果没有实力做后盾，在短时间内只是靠语言树立起的信心，当然会很不牢固。如果没有实力的支撑，当学生发现自己在一次次的学习中继续不断失败的时候，那么他们的信心很快也就会烟消云散。所以，信心必须要靠实力来维持和加强。

第三，因成绩提高而产生兴趣。一旦学生的学习能力提升了，那么学习就会变得轻松。学生的心思更多地放到享受攻克难题的快乐上，而且由于成绩的提高，老师开始给予肯定，家长的态度也明显改善，同学们也开始另眼相看了。在这个时候，学生自然就开始产生学习兴趣了。

然而，兴趣不是简单直接产生的。当学生对学习有信心、有实力、学习好并从学习中感受到快乐的时候，自然就会有兴趣。

另外，还有一个培养学习兴趣的窍门，那就是对自己不喜欢的科目，可以采用兴趣暗示的方法。比如对数学来说，在学习之前，学生首先可以进行热身运动，摩拳擦掌，面带笑容，看着数学，然后大声说："可爱的数学，我要对你产生兴趣了。""数学，从今天开始，我要喜欢你啦！""数学，我会满怀兴趣地学好你！"

如果学生在每次学习数学之前都大声暗示自己，坚持三个星期，甚至更长一些时间，这些语言就会深入潜意识，一旦进入潜意识，那么学生就能够真正建立起对数学的兴趣。

我们发现，很多对学习没有兴趣的同学，他们只要一拿起书就会产生不愉快的情绪，甚至厌烦、恐惧，从而关闭了自己的心灵之门，导致学习效率低下，甚至无效。

然而当摩拳擦掌、面带微笑进行自我暗示时，就很容易使人产生一种愉悦感，那些厌烦、恐惧的情绪也都会被冲散，只要心灵之门渐渐打开，那么要学的知识就会很容易吸收进来了。

作为学生而言，学习是自己的职责。在不可以改变课程的情况下，学生必须要学会改变自己，改变自己对待学习的态度。痛苦也是学，快乐也是学，我们为何不去选择快乐地学呢？如：

在学英语的时候，暗示自己："学好英语很快乐，我对英语充满兴趣。"

在学语文的时候，暗示自己："学好语文很快乐，我对语文充满兴趣。"

此法可适用于任何一门课程，当快乐地学习的时候，自己也已经与兴趣结缘。

三、点燃兴趣的火焰

所谓兴趣，就是指积极探究某种事物的带有情绪色彩的意识倾向。而兴趣在学习方面，就表现为渴望认识世界、追求真理和得到知识。学生只有对学习感兴趣，只有把对于学习的兴趣的火焰点燃了，才能把心理活动指向和集中在学习的对象上，使感知活跃、注意力集中、观察敏锐、思维敏锐而丰富、记忆持久而准确，激发和强化学习的内在动力，从而调动学习的积极性。

学习本是件能给人带来无穷快乐和无比幸福的事。只要掌握了科学的学习方法，就会发现原来学习并不是那么可怕的，只要付出一点点，它就能给人许多许多，而自己的学习欲望、学习效果也就会由此而形成良性循环。因此，每个学生都要坚定这样一个信念：眼前的学习机会一去不复返，所以务必要珍惜；学习完全是自己的事，"我要学"才能体会到无穷的快乐，而"要我学"则会徒增烦恼。

那么，同学们如何做才能引发对学习的兴趣呢？

1. 了解学习目的，间接建立兴趣

学习目的，是指某学科的学习需要达成的结果是什么，为什么要学习该学科。当学习该学科的动力不够强的时候，那么对终极目标的了解也就非常重要了。学习都要经过长期艰苦努力，这种艰巨性往往让很多人望而生畏，但学习又是学生的天职，不可以不学，所以学生要认真了解每个学科的学习目的。学生如果对学习的个人意义及社会意义有了比较深刻的认识，那么就会认真学习各门功课，从而对各科的学习产生浓厚的兴趣。

2. 从可以达到的小目标开始

在学习的初期，确定比较小的学习目标。学习目标应从经过努力就能够达到的目标开始，切不可定得太高，而不断地进步会增强学生学习的信心。不要期望自己在短时间内把成绩提高上去，有些学生努力学习一两周，发现成效不大，就失去信心，从而厌恶学习，这样做是不对的。要学会坚持不懈地努力，明白小目标的实现恰恰是实现大目标的开始。

3. 积极期望

积极期望，就是指从改善学习者自身的心理状态入手，对自己不喜欢的学科充满信心，相信这门学科是非常有趣的，自己一定会对这门学科产生兴趣。想象中的"兴趣"会推动学生认真学习，从而达到对此学科真正感兴趣。有个学生过去对学习英语毫无兴趣，经常是怀着一种焦急的心情等待下课铃声。为了培养对英语的兴趣，他做了这样的练习："我喜欢你，英语！"重复几遍之后，他觉得英语不像从前那样枯燥无味了。第二天他在图书馆借了一本有关英语方面的书，回家后高高兴兴地读了起来。再上英语课时也开始听老师讲解了，后来他变得很喜欢英语，总是急不可待地盼着上英语课。

4. 想象学习成功后的情景，激发学习兴趣

在我们满腔热情地去做一件事之前，一般都会对它的结果有一个预期的想象，这样才会坚持去做这件事情。学生可以想象考试成绩优秀，可以顺利进入大学，为家庭增光，为自己开创美好的前程；也可以想象自己考试成绩优秀，得到老师、父母的赞扬，得到同学们的羡慕等，从而激发学习兴趣。

5. 培养自我成功感，以激发直接的学习兴趣

学生在学习的过程当中，每取得一次小的成功，都要进行自我奖励，达到什么目标，就给自己什么样的奖励。

6. 保持兴趣的最简单的方法是不断地提问题

当学生为解答某个提出的问题而去学习时，那么他的学习就有了明确的目的，就有了兴趣。其实创设一些问题是很容易的，仅仅把每节的标题当成问题就

可以了。

7. 在解决实际问题的过程中确立稳定的兴趣

用学过的知识来解决实际问题，不但可以巩固知识，还能带来自我成功的喜悦情绪。这种喜悦情绪恰好是建立稳定持久的兴趣所必需的。

我们知道，兴趣在学习中起着奇妙的作用。强烈的兴趣可以使人在学习时废寝忘食、精力充沛。当遇到困难的时候，不会轻易退缩，而是锲而不舍、苦钻不停。在自学中，灵感是炫目的火花，然而强烈兴趣则是灵感的源泉。生理学研究表明，专注的兴趣可以引起大脑皮层有关区域的奇异反应，从而导致对某种知识的执著追求。在学习中可能经常会遇到对某项知识苦钻不已，但蓦然间，眼前豁然一亮，大有所悟的情景，这就是在兴趣的引导下得来的。

四、给不感兴趣的科目"加营养"

每个学生都有自己特别喜欢的科目，相应地，有些科目却很难提起自己的兴趣。我们发现，即使学习成绩最好的学生，也不可能每门功课都是第一。但是，这不叫偏科。真正的偏科是指学生的某几门科目掌握得很好，甚至在全班或者全校都是名列前茅，但某几门科目却处于中下水平或者更低。由此可以看出，偏科首先是一个心态问题，有些同学对某几门科目不感兴趣，用在上边的时间就相应的较少，而在那几门感兴趣的科目上却肯下功夫，结果就出现了成绩不平衡的现象。还有的同学某个科目总是学不好，久而久之就对这个科目产生了恐惧和排斥心理，成绩也就越来越下降。对于这些同学来说，就要先解决了心理方面的问题，让自己喜欢上那些不感兴趣的科目。

如果搞定了那些不感兴趣的科目，那么总体成绩也就自然而然可以得到提高。所以说，学生要特别注意给那些不感兴趣的科目"加营养"，即在时间和学习方法上都应该有所调整，从而更好地补充总体成绩的营养值。

1. 时间上从短到长

凡是不擅长的学科，大多都是不感兴趣的科目。因此，如果一开始学生便在差的科目上投入大量时间，那么必然会倍增烦躁与厌倦。正确的方法是按照学习目的制订出一份时间表来。比如一天只复习某一科的某一小节，时间不超过半小时，在这半小时里踏踏实实地把这一小节搞定了，就改学别的科目。这样久而久之，对差科的学习兴趣就会逐渐培养起来了。学生也可以将差的科目夹在强的科目中学，时间同样不要太长，以避免枯燥无味地学习。

2. 做题从简单的入手

对于自己不擅长的科目，不要一开始就选那些太难的习题做。因为学生如果在这个科目上基础差，所以做难题只会浪费时间，对自己的提高也没有多大帮助，还可能打击到自己的自信心。正确的方法是从比较简单一些的习题入手，牢牢掌握课本上最基础的知识，在确保自己对简单的题目已经完全掌握之后，再适当地提高题目难度。

3. 找出"差中之差"

即使是对于差的学科，学生也并非是所有问题都一无所知，有些问题还是略知一二的，而真正拖累自己的可能只是这个科目中某一点或者两点。如果能把这个"差中之差"找出来，进行一个强化或突击性的训练，那么，就可以在短时间里有一个较大的提高。

4. 自我摸底

在经过了一段时间的努力之后，如果觉得自己对差的科目仍然心里没底，不知学得如何，这时候就可以找来一份试卷，像真正考试那样做一遍，做完后对着答案自己打分。也可以请一个家庭教师来，让他帮助自己把这段时间的所学加以整理，然后考一考看自己学得怎么样。

第五章 重视预习的作用

所谓预习，就是在老师开始讲课之前，自己预先学习。在老师讲解之前，认真阅读教材，养成主动预习的习惯，是获得新知识的一种重要手段，是为接受新知识做好准备的重要的学习环节。我国现代课堂教学改革的基本思路是：让学生自己从"人类知识的源泉"（即课本）中去获取知识。如果同学们真正希望提高自己的学习效率，那么就必须从课前预习做起。预习是同学们学习的基本环节之一，其在同学们的学习过程中起着非常重要的作用。调查发现，学习成绩相对比较优秀的学生，绝大多数人都有事先预习的习惯。毫无疑问，预习在新旧知识中起着承上启下的作用，它让我们了解到将要学习的新内容的同时，也为学习新知识做好了准备，并且还带领我们回顾与新内容相关的已学过的知识。因此，预习对提高学习效率和成绩、培养自学能力都有十分重要的意义。实践证明，基础扎实、自学能力强、成绩突出的学生，在平时的学习过程中都比较重视预习。

尖子生如是说：

☞ 湖北宜都市中考状元余金桥

关于学习经验，一定要注重课前预习，抓好课堂效益，注重课后巩固。很多同学都轻视课前预习，甚至有人觉得这是多此一举。我认为，课前预习是主动学习，它不仅可以培养我的自学能力，而且使我在听课的时候更有针对性，对难点、疑点处会格外留心。因为我知道无论多么优秀的孩子，总有注意力分散的时候，但在听难点、疑点处时丝毫不能含糊。隔三差五，我总会抽空对自己所学的知识做一下梳理，因为记忆与遗忘是有规律的，所以必须要抢在记忆模糊之前巩固，这样，记忆就会事半功倍。

☞ 清华大学生物系赵刚

学习后进的学生，最好要先从学习最差的那门学科开始进行预习，看看学习局面会不会有所改变。如果不预习，上课听不懂，课后再花大量时间补课和做作业，实在不合算。学习上欠了"债"，总是要"还"的，而预习则是"还债"的最好方式。这种"还债"，可以在上课时直接受益。有人把预习后开始的学习过程比喻成"加速运动"，其实还是有一定道理的。

☞ 2007年广东选考政治总分状元肖菲

每天都要预习功课，平均一门功课要花5分钟时间。另外，自己还在课本目录表上把每一节内容的难点和重点标出来，这样就一目了然，复习时也事半功倍了。高三这一年挺累的，每天课间都有同学趴在桌子上抓紧时间休息，而她的"独门秘诀"则是放学后在校园体育场的跑道上跑两圈，一共800米。

☞ 2007年江西高考文科状元朱虹璇

学习没有什么技巧和捷径，多向别人学习；多看课外书籍，增加自己的知识面。复习重点放在课本上，上课时一定要提前预习，制订好学习计划。做题目求精不求多，善于把自己所做的答案与标准答案相对比，找出问题并深入地探究问题。

一、笨鸟先飞早入林

有一句话是这样说的："早起的鸟儿有虫吃。"这句话我们可以理解为早起的、勤奋的鸟儿能够找到虫吃，这是作为它早起而得到的好处。同样，这个方法也适用于学生学习。很多优秀的学生都表示，如果事先对要学的知识进行预习的话，那么他们也同样会有很多"虫"可以吃。

1. 提高听课质量

学生在预习的时候，接触到新知识，正是从已知到未知的离合点，所以最容易产生许多疑惑和不解。

有的同学课前不预习，上课时打开课本对新的课程内容一无所知，听课完全处于一种盲目被动的状态。听天由命，一节课下来有的地方听懂了，有时似懂非懂，遇到知识障碍就像听天书。但部分学生却是有备而来的，他们在课前做了充分的预习，对所学新课有了整体的了解，对新课要讲什么，重点是什么，难点是什么，心中有数。这样在上课时就可以按照新的知识点去听课，从而化被动为主动，为学习新知识做好了充分准备。

2. 改变学习的被动局面

预习可以扫除课堂学习中的知识障碍，提高听讲效率，加强上课记笔记的针对性，增强课堂学习的效果。对于一个学生而言，这在很大程度上就已经使自身的学习状况发生了变化。单从学习效果来看，预习改变了学习的被动局面，减少了因听不懂而浪费的课堂学习时间；而上课听懂了，课后复习和做作业的时间也会节省出来。当然，预习也是要花费一些时间的，但与课堂听讲、课后复习和做作业的效果和效率相比，这些时间的花费也就显得微不足道了。

3. 对巩固旧知识大有好处

预习有利于巩固已有的知识，在预习中，学生为了理解新知识，就要不断地追忆与新知识相关的旧知识，而且涉及的面也比较广。有些旧知识是很长时间以前学过的，通过预习就可以把这些旧知识重新回忆起来，加深了印象，同时也更好的巩固了自己的知识体系。而且，预习中学生独自琢磨新知识，琢磨透了，成为了自己的知识，印象一般都比较深刻。即使对于没有琢磨透的内容，在上课时带着问题去听课，豁然贯通印象也会更深刻。

4. 可提高自学能力

预习是自己独立地接触新知识，是自己摸索、自己动脑、自己理解的自学过程。许多同学初次预习都觉得新课难以理解，特别是理科教材，初次阅读时常常不得要领。但只要坚持下去，慢慢地就会找到适合自己的方式，独自对新课内容的理解会越来越多，越来越深入。而且随着预习的深入，学生的自学能力也就自然而然的提高了。

二、三类预习巧安排

预习从时间和内容上主要可以分为三类：一是课前预习，二是阶段预习，三是学期预习。课前预习，就是在上新课之前预习下一节课的内容；阶段预习，就是用比较长、比较多的时间预习一章或者是多章的内容；学期预习，就是指在假期预习下一个学期的内容。然而，这三种预习并不是孤立的，而是有一定联系的，每个学生都应该针对自身的不同情况，在空闲时间自觉地安排和分类预习。

1. 课前预习

每天把第二天要学的新课预习一遍，预习的时候可以不要求太深的思考，但是一定要全面，在不懂的地方做上标记，第二天上课的时候着重听不懂的地方。这样不仅有利于自己对疑难问题的解决，还有利于跟上老师的思路。对于以前没有预习的习惯的学生，那么在刚开始预习的时候，先选一两门自己学起来感到比较吃力的学科来进行预习试验。取得经验后，在时间允许的条件下，再逐渐增加学科，直到全面铺开。预习的时间不应太长，一般来说，每门课程抽出30分钟左右的时间就可以了。

2. 阶段预习

可以根据单元的学习目标和要求进行预习。学生通过对单元教材的阅读，研究教材的重点、难点和疑点，达到对单元内容的整体了解，并能了解各章节在单元中的地位及相互关系。在预习时，学生可以把其中涉及的概念、原理、公式、定理等，用图表形式列出来，便于找出其中的规律和联系。

3. 学期预习

因为针对的是下学期将要接触的内容，所以学生在进行学期预习时，可以利用一些参考书以及辅助材料。在进行预习的时候，学生可以先粗读一遍教材，结合目录，自拟课程大纲。根据课程的要求及自己的学习经验明确学习对象，并且结合练习题细读教材，确定每章节知识重点，将每章节的重点知识依据一定的原则归纳在一起，还可以提前记忆那些理解准确的基本概念、基本原理等基础知识。

三、向预习要效率

预习不仅要求具有习惯性，而且要求具有效率性。提高预习效率不仅可以节省预习时间，而且可以提高预习质量。那么，如何从整体上把握课本，提高预习效率呢？

1. 制订预习计划

对于一个中学生而言，因为要学习的科目很多，所以不可能每门课全作预习。如果随便拿起一本教科书就看，没有一定的目的和计划，就会在很大程度上影响效率，也没有那么多自由支配的时间。所以，应该计划好每天要预习的功课，特别是对一些自己感觉比较吃力的课程。如果学生根据实际需要确定主攻目标，那么预习时心里也会踏实，效率也会比较高。

2. 预习要有时间保证

除假期有较多时的间进行预习之外，平时学生预习的时间相对比较少，只能靠课余挤出来的一些时间进行预习。在平时，学生一定要坚持，并且保证每天预习第二天的一两门功课。如果某一章刚讲完，最好能抽出一段时间（一般在周末）把下一章预习一下。只要坚持预习，学习能力就会逐渐提高，从而形成良性循环，时间相对就觉得宽裕了。

3. 充分利用工具书

预习课文时，往往会遇到没有学过的新词和短语，或以前学过但现已生疏的内容。同学们预习课文时通过自己查阅工具书，就能扫除语言文字的障碍，较牢固地掌握这些字词的读音、意思和用法。

4. 切勿搞形式主义的预习

有些同学听了老师和同学们的劝告，决定要坚持预习，但是他们在预习时并不用心，走的是形式主义的道路。这在很大程度上既达不到预习的效果，反而却浪费了原本就相对宝贵的时间。所以，预习的质量是预习的重要目的。而且，我们发现预习的质量是不断提高的。所以，预习不能浅尝辄止，而应该持之以恒。一个原先不习惯于预习的人，刚刚开始预习时，预习质量可能不会太好，但是随着时间的推移和对预习方法的掌握，他的预习质量同时也会不断地提高。

5. 保持积极的情绪

当学生精神饱满而且情绪高涨时，预习时就会感到很轻松，学得也会很快，其实这也正是预习效率较高的时候。因此，保持良好的自我情绪是十分重要的。

提高预习效率是一个很重要的问题。许多学生预习效果不佳，往往起因于预习效率不高。只要做到了以上几点，就一定能够收到良好的预习效果。

四、预习应注意的几个问题

1. 预习时要抓住重点学科

学生每天要交叉进行多门功课的学习。在有限的时间里，不可能做到全部学科都预习，所以要重点选择一两门学科进行预习，而这一两门最好是自己学起来最吃力的。在时间允许的情况下，预习的科目也可以更多一些。如果是自己擅长的学科，也可以不预习或者少预习。如果预习，那么就应当对自己提出更高的要求，要在听讲时和老师的思路上进行比较，进而把学习提高到一个更高的水平。

2. 根据老师的授课特点而预习

在教学过程当中，有的老师讲课基本依据教材，但是展开得比较丰富，所以就需要学生事先对教材有一定的了解，而且需要学生对教材作一定的分析理解；而有的老师讲课完全是教材的展开、升华，那么学生就应该在课前预习时，了解教材、分析教材、作读书笔记。学生做课前预习不是盲目的，倘若不根据实际情况决定预习方法，就达不到预习的目的，甚至也只能是浪费时间。

3. 要抓住重点和难点内容

如果预习仅仅是阅读一遍教材内容，那么肯定是起不到什么作用的。关键是在阅读教材内容时要做一个有心人，不可走马观花。要善于发现问题，并且能自己解决则解决，不能解决的，一定要记录下来，不必花太多的时间思考。如果带着问题听课，那么目标就非常明确，而且注意力也很容易集中。

4. 注意区分预习与自学的不同

预习不同于自学，它只是一种"课前自学"，不要求把新内容全部弄懂、弄通。如果学生把预习等同于纯粹的个人"自学"，那么不仅会加重学业负担，而且会影响听课质量，就会"过犹不及"。

第六章　向45分钟要效率

　　听课是同学们在学习中掌握、理解、增长和接受知识的重要环节和途径。但有的同学却并没有真正意识到听课对于一个学生的重要性，所以，上课的时候思想总爱开小差，或者听课不得要领，抓不住课堂的重点或者是一个人孤芳自赏，不愿意思考和回答老师提出的问题等。其实，这些都是学习中的不良习惯，它严重影响了听讲的效果，如果学生不及时纠正，久而久之，必然会导致学习成绩的下降。所以，上课的时候，一定要跟上老师的思路和步伐，多跟老师互动交流，掌握一定的技巧，从而养成良好的听课和学习习惯。

尖子生如是说：

☞ **2012年青海理科状元文韬**

我觉得我在学习上比较好一点的技巧就是能够高效率学习，这样我觉得在有限的时间内把该掌握的东西都掌握了。在课堂上跟着老师走，学习语文的时候跟着老师的思路走，老师教一些经过多年总结出来的规律方法，没必要在课下，在语文上投入太多的时间；数学的在复习的时候要多做一些题，见识的题多了，通过自己总结归纳，让自己搞明白。

☞ **2010年重庆理科状元刘子源**

"在学校把该完成的学习任务都完成了，回家后根本用不着花大力气来学习、补习。"刘子源说，他学习的最大心得就是在学校搞好学习。"课堂上老师讲的东西很重要，要绝对相信老师，不要跟老师对顶。有时老师给出的答案未必完全正确，但你必须首先接受，然后在自己的消化学习中再去具体分析，接受有时并非是全盘照收。"

☞ **2010河北省高考理科状元刘哮阳**

想考好成绩，首先要做到跟着老师走。老师有更多的经验，因此想考高分的学生一定要根据老师安排来复习。其次，要因人而异制订适合自己的学习方法，不要盲从。并不是学习时间长，学习成绩就会好。

除了跟老师走，额外时间不妨多思考自己存在的问题，学过的东西需要反复记忆。

☞ 2008 北京高考理科状元胡梦萦

自己能考出好成绩最重要的原因是跟着老师走、仔细认真，因为老师的安排都很科学，按老师说的方法复习，认真做好老师交给的任务，就可以取得好成绩，不用额外去上很多辅导班。

一、听课也是一门艺术

一个学生如果想要获得在校学习的主动权，就必须要专心上好每一节课。在课堂上跟着老师的思路和步伐，若果能解决当天所学的知识，那么课下除了完成作业以外，还在无形中又为自己腾出了部分主动学习的时间。如果学生能够真正懂得听课这门艺术，会听，并且懂得听哪些，那么长此以往，学习效率就会大大的增加。

1. 要带着热情听老师讲课

俗话说，态度决定成败。对于学生来说，态度是其有效听课最重要的条件之一。学生必须要相信，老师的课堂教学一定会带给自己一些有用的东西。而对于经验丰富的老师来说，为了传授新的知识和经验，他可能是从几十本书的内容中研究、阅读、学习、舍去以及组织来的，从而花费了比我们更多的时间，却给我们传授了最直接的经验和学习方法。有人说，站在巨人的肩膀上，我们可以看得更远，说的就是这个道理。所以，学生在听课的时候，脸上要带着愉快的表情；不记笔记时，眼睛要注视着老师；赞同时，要点点头。做到这一点，学生也会很容易的跟上老师的思路，理解老师所要表达的思想，而更为重要的是，这样做会使自己比以往更加容易集中注意力。

2. 要争做课堂的主人

在课堂上，老师经常会提出一些问题让同学解答。这个时候，正是表现自己的最好时机，要积极大胆地抢先举手发言，说出自己的想法。如果老师对这处讲得不详细、不透彻，你还可以在课堂上及时提问。任何人都会遇到不懂的问题，这并不可怕，所谓"知之为知之，不知为不知，是知也"。可能你不理解的知识，也是大多数同学不会的内容，这样，敢于提出问题，既代表了同学们的心声，又帮助老师了解了学生情况，从而更好地抓住教学中的重点和难点。问题及时解决了，就不成问题了。如果搁置不闻不问，害怕提问、视老师的提问为痛苦与麻烦，这样的同学将永远学不到更多的知识。

3. 力争做到课内知识，课内消化

在现实学习中，"欠债"的同学大有人在，他们在听课的过程中有"课上没学课后补"的思想和习惯。本来在课堂10分钟能完成的任务，他们可能在课后要用20分钟来解决。有的同学在课堂上没听好，课后加班加点地补，结果造成第二天听课没精神，听课质量就更不好，从而造成恶性循环，使自己越陷越深。这样长此以往发展下去，只能由跟不上变成根本不听课，一到上课就提不起精神，胡思乱想。所以，学生在课堂上一定要积极地思考，时刻跟着老师的思路，老师讲到哪里就想到哪里，紧跟老师的步伐，充分利用老师安排给你的机会和时间，阅读分析课本知识，快速识记、强化理解课堂内容。

4. 做好课堂笔记

课堂笔记可以帮助学生全面系统地掌握知识，为课后的复习和巩固做好准备。记课堂笔记还可以帮助学生集中注意力，从而做到聚精会神地听好课。但是在课堂上，要以听课、思考为主，记笔记为辅。在上课的时候，要保证头脑始终保持清醒和"一级战备"状态，积极思考。而笔记只需要记那些重点内容和自己没有理解的内容，还有那些与自己预习时的理解有矛盾的内容。如果在一堂课上，老师讲的与课本内容基本相同，就可以少记，主要记补充的内容；而当老师讲的与课本内容思路差异较大时，那么就应该多记，争取把老师的思路记全；对于那些难度较大、一时还难以理解的地方，则可以少记或者做上记号，集中精力听讲，在笔记上留出空白，以便课后补上；等等。

5. 不钻"牛角尖"

老师在上课的时候，总要从一个问题讲到另一个问题。如果学生有一个问题没有听懂，那么不要在课堂上钻"牛角尖"，而是要先把不懂的地方记下来，接着往下听。对于那些不懂的地方，留到老师统一答疑或者是课后向老师和同学请教，这样也就可以保证听课的连续性。假如自己一个劲儿地想那个没有听懂的问题，然而老师的讲课还在继续，等自己回过"神"来的时候，这堂课也已经进行得差不多了，思路也接不上了，结果也就造成整堂课听不懂的后果。

6. 不要挑剔老师

如果一个学生对某一个老师感到不满，那么不但可能会极大地影响着自己的求知欲，更重要的是影响着自己对知识的接受与吸收，甚至是常常因此而造成偏科。知识主要是从老师那里获取的，老师对于辅助学生学习的成功具有至关重要的作用。所以，不要挑剔老师，应适应老师，而并非是让老师来适应你。这样既能够提高自己的学习成绩，还培养了自己豁达的心胸。

二、我不怕你"72变"

在听课活动中，一个学生需要同时面对各学科教师，而不同的教师都有不同的性格特点，不同的教学习惯和教学方法。很多同学在实际听课的过程中，往往存在这样的错误，就是采用同样的听课方法来应对不同的老师。这样做的话，往往对提高听课效率没有多大帮助。其实，学生在听课方面也应该"因师而异"，学会巧妙应对老师的"72变"，只有这样，才能在听课的过程中做到有效沟通、高效学习。

1. 怎样适应"脱轨型"老师

所谓"脱轨型"，就是指有的老师在课堂上，一味地追求课堂活跃，以至于偏离了主题，跑得没边没际，甚至和学习一点都沾不上边。比如，在上课的时候会一连说好几个笑话，逗得同学们笑声不断，活跃了课堂气氛，但实际上同学们并没有从中学到很多实际、有用的知识。尤其是快要到考试的时候，许多同学因为脑中一片空白，无从下笔，甚至会有一种受老师欺骗的感觉。遇到这种情况，学生必须要由被动变为主动，清醒地把握住自己，明确自己这一节课到底需要掌握哪些知识内容。

陕西省某中学的一个学生就是用这种办法来适应数学老师的。他的数学老师刚从大学毕业不久，讲课时，总是一上来就说几个笑话，逗得大家哈哈大笑，然后东拉西扯，经常是下课铃响了，课堂内容才讲了不到一半。这个学生一直很苦恼，因为他觉得在课堂上学不到东西。后来，他想了一个往回"拽"、往回"捡"的听课办法。

这个办法的具体做法是：在预习的时候，将该课的知识点列成表；然后在听课的时候，从老师的话语中找这些知识点，找到一个划掉一个，用这种方法往课本回归；如果没有讲到，下课后就去问老师，或者自己再认真看看。这样一来，就很好的保证了自己在课堂上学习到一些知识，而也不至于自己一节课稀里糊涂地混过去。

2. 怎样适应"教科书型"老师

所谓"教科书型"就是指上课内容以教科书为主，讲起课来滔滔不绝，但是却没什么新鲜内容。而学生在听课的时候，很容易打瞌睡。当遇到这样的老师，为了防止自己打瞌睡，学生事先必须下一番工夫好好预习，弄清这堂课将学习什么内容，以及这一堂课的重点和难点是什么。

3. 怎样适应讲课快的老师

教师讲课快是一种普遍现象，在多数情况下，教师是为了赶教学进度而不得不这样做。所以，同学们一定要想办法改变自己来适应老师的节奏。而这就要求学生必须事先认真做好预习工作，明确了听课的重点，上课时再认真地听，听课质量也就会自然而然地得到提高。如果还不行，那就需要在课后补，仔细消化一下，直到弄懂为止。

中学生的课程较多，接触到的老师也很多。而每个老师的讲课风格也各有特点，远不止上述三种，所以每个学生都要学会总结方法，努力使自己适应各学科任课老师的方式和风格。只有这样，才能使自己的学习兴趣和积极性调动起来，才能把这门课学好。

三、学会"抓芝麻"才是硬道理

目前,在大多数课堂上,老师采用的都是讲授法,都是以讲为主,所以说学生在听课的时候就要注意"听细节""抓芝麻"。这些芝麻大小的细节问题,有时候会起到提纲挈领、画龙点睛的作用,所以,在有的时候这些问题在课堂上就显得尤为重要。

1. 注意老师讲课的开头和结尾

一般老师在讲课开头,都是概括上节课的要点,进而指出本节课要讲的内容,是把新旧知识联系起来的重要环节,所以要仔细听清。此外,老师在每节课结束前,一般都会做一个小结,这也是要求同学们在听课中需要注意的一点。听好小结,有助于学生简捷记忆课本的基本内容。而结尾常常是对一节课所讲知识的归纳和总结,具有高度的概括性,学生特别要注意在理解的基础上掌握。

2. 注意老师在讲课中的提示

如:"大家要注意""这一点很重要""这是不常见的错误""下面是这一过程中的四个步骤""这两个容易混淆""以上内容说明""因此""最后""但是"等等,这些词句往往暗示着讲课中的重点和难点,注意这样的词句,有助于我们迅速抓住讲课的重点,减少没有意义的劳动。

3. 带着"问题"听课

听课不能只当"录音机",仅忠实地录下老师所讲的内容。学生应该要学会用分析的观点、批判的观点、质疑的观点去听课。

有些"问题",学生在预习的过程中就已经发现了,只是当时没有搞明白,所以学生在听课的时候要注意这些地方的来龙去脉,把它搞懂。而有些"问题"是学生在听课中新发现的,所以要注意老师和课本怎样解释。有些"问题",学生虽然注意到了,但老师可能一带而过,没有解答自己的"问题"。这时学生自己就要注意记下来,等有机会再向老师问明白。

此外,由于受到老师的讲课水平、备课充分程度等因素的影响,也可能在讲课中出现一些问题,这时就需要同学们自己"听"出来,通过看书或与同学、与老师进一步探讨加以解决。这种"挑刺"的方法,如果运用得好,也很有利于学习的进步。

4. 注意老师分析问题的思路

由于各学科知识都有自己的前因后果或者是上关下联的逻辑关系,如果理解并且掌握了这个思路,那么对于学生学透知识是有很大帮助的。这种思路在理科中表现得非常明显,比如一个定理、一条定律、一道习题,都可能有一种具体的思维方法,所以应当注意掌握。而这样的思路在文科学习中也同样存在,只不过表现形式不一。一些同学误以为文科没有"思路",其实这是一种误解。学生在听文科的课时,要注意老师是怎么分析问题的,只要经常注意揣摩,同样能听出"思路"来。

学会听思路,对于学生今后的进一步学习有极为重要的意义。我们通过提高通过"听"接受外界信息的能力,就可以锻炼自己科学的、灵活的思维能力。因为只有这样,才能越学越明白,越学越会学。

5. 注意老师讲解的要点

老师在讲课的时候,并非每一句话都是非常重要的。通常老师事先会在备课中准备一个纲要,上课的时候围绕着这个纲要进行讲解。所以同学们要抓住这个

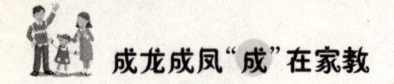

纲要、听懂这个纲要、理解这个纲要。要通过听讲、练习、问答、看课本、看板书等途径，边听边理解要点和纲要，注意弄懂知识之间的内在联系。

6. 注意老师的板书归纳和反复强调的地方

一般老师反复强调的地方，往往都是重要的或者是难以理解的内容，板书归纳不仅重要，而且是具有提纲挈领的作用。所以学生在课堂上要注意听清讲解、在看清板书的基础上进行思考、记忆，并且做好笔记，以便于以后重点复习。

7. 注意老师是如何纠正错误的

对于在课堂上提出的问题或者出现的错误，不管是自己或者是别人发生的，都有其形成的原因。学生如果不注意搞明白这些原因，难免下次重犯。在实际中我们经常看到这样的现象，老师在纠正别人的错误的时候，有的同学一看自己没有，就继续做自己的题，不注意听，其实这是不会学习的表现。对于这些问题，没有错的同学也要特别注意，防止今后自己也犯同样的错误。不要等到错误发生在自己身上的时候，才引起注意，这样的话就太被动了。

8. 注意老师概括知识要点或总结解题规律

一般来讲，每堂课老师都要对所讲的内容进行总结概括，而这些"总结"是本堂课的内容浓缩的精华和要害，是画龙点睛之笔。如果掌握了这些，学生也就掌握了课堂的主要内容。这些东西是老师精心提炼的，言简意赅，提纲挈领，反映了知识的内在联系，既便于理解、运用又便于记忆，十分重要。

此外，每当老师讲解一个习题之后，一般都要引导同学总结解题的规律，这也是画龙点睛之笔。注意听好这些规律，可使学生掌握要领，举一反三，触类旁通。

四、好记性不如烂笔头

唐代著名诗人李贺常常骑驴外出游历,身边总是带着一个锦囊,触景生情得出的佳词妙句便会立刻记在纸条上,投入锦囊之中。晚上回到家,再把纸条倒出来加以整理,连缀成篇。尽管他只活了27岁,但是这位奇才却用这种方法留下许多传诵至今脍炙人口的诗篇。社会发展到今天,我们尽管不一定沿用李贺的锦囊,但笔记的独特作用应特别引起我们的重视。

在课堂学习过程中,学生也应该做好笔记。俗话说:"好记性不如烂笔头",沿用到课堂上,这其实是在说笔记的重要性。做好课堂笔记,主要应当做到以下三点:

1. 要系统

课堂上随手草记的内容,为了争取时间,不影响听课,所以往往次序失当,轻重不一,缺乏系统性。因此学生在课下整理的笔记的时候,就应当把这些内容当成是一个知识体系。当然,这里所说的"体系"并不是固定的,可以是和课本上的知识体系相一致,也可以和老师讲课的体系相一致,或者是学生自己对知识理解之后所悟出的和前面两个体系不同的体系。

2. 要完整

整理笔记时首先是把课堂上没有记下来的内容补充上,记得不太准确的更正过来。但是，完整并不是繁琐，仍要求简洁、中心突出、内容精练。

3. 要留出副页

笔记留副页，或者是留出一页的三分之一或者是四分之一的空白处，无论是预习笔记、课堂笔记、课后整理的笔记都是需要的。而对于副页的内容，一般有以下四个方面：

（1）在预习时发现的自己掌握不够好或忘记的内容和问题，预习中产生的见解或体会。

（2）课堂上产生的见解或体会，易出现的错误（以提醒自己），易混淆的概念（以示区别），温习笔记时产生的见解和体会。

（3）从课本以外的同类书中摘录的与笔记内容相关的内容。

（4）补充课本或者是老师讲课中的不足。

总之，整理笔记是把知识深化、简化和系统化的过程，带有浓厚的个人特点，而并非是课本的节录。

有些学生听课抓不住重点，不知道要记什么，很多时候都是低头记笔记而耽误了听课、漏掉了重要的内容。然而应该怎样作好课堂笔记呢？希望下面的方法对大家有帮助：

1. **有个性的记**

所谓有个性的记笔记，也就是要有自己的一套速记符号。这就要求学生多动脑筋，自创符号并牢记符号的意义，熟练运用，圈点批划时作上不同的记号。这样，不仅可以使注意力高度集中，提高课堂记笔记的速度，还可以加深听课的印象。另外，为了区别笔记的内容，便于复习，也可以使用不同色彩的笔。比如需要牢记的用红色的笔书写、需要请教教师的用绿色的笔书写、需要查找资料的用蓝色的笔书写，等等。

2. 提纲挈领的记

记笔记一定是要有选择性的记、有计划的记、简练的记，不能面面俱到。如果越想全面具体，就越容易漏洞百出。因为课堂上没有足够的时间让学生能就一个问题深思熟虑。即使是真的做到了，那么，同时肯定也会遗漏了很多其他的知识。用自己清楚的、概括化的语言将知识记录下来，课后再做整理，不仅能提高课堂学习效率，也能锻炼听课的能力。

3. 有规划的记

有规划的记也就是指笔记记在哪里，自己要心中有数，不能乱记。一般主张笔记记在课本上，这样最便于复习巩固：一是节省时间，不用一会儿翻书，一会儿翻笔记本，弄得手忙脚乱，影响听课，而且也容易保存；二是有助于知识的消化积累，相关的知识集中理解，易于迁移。如果课本的"天头""地脚"或者是空白处空间不够，学生自己可以再添加插页，粘贴在课本的相应位置，并作好标记。井然有序的笔记对学习一定会有非常大的帮助。

4. 略记

只记录主要内容，次要内容略去，这样做可以省出时间来进行思考问题。这种方法适用于物理、数学、部分化学课程等。这些课程的共同特点是：前后内容紧密联系、逻辑性强，公式方程等各种关系式较多。因而只要掌握了关键的内容即可，其余的问题可由此推出、迎刃而解。至于那些公式的推导过程更不用详记，只要把推导过程中关键的假设、转移、使用的定理等记下就可以了。

5. 详记

就是把课堂上讲的知识，尽可能全面地记下来。这种方法多适用于政治、生物、语文、部分化学课程。而这些课程的共同特点是：内容比较散，各部分之间的逻辑联系不很强，而且各部分的内容的重要性和分量比较平均。如果记录不完整，则容易产生不连贯、不全面、散架子的现象。

部分同学在课堂上所作的笔记有些杂乱，课后觉得不好用，给复习造成了一定困难。为了巩固学习效果、积累复习资料、指导读写训练，学生很有必要学会整理堂笔记，使之变得更加清晰、条理、方便实用。

如何整理课堂笔记，总结其方法和程序大致如下：

1. 忆

"趁热打铁"，课后抓紧时间，对照书本和笔记，及时回忆有关的信息。这是整理笔记的重要前提，提供"可整性"。

2. 改

仔细审阅笔记，对错字、错句以及一些不确切的地方进行修改，使笔记有"准确性"。

3. 补

课堂上所作的笔记，是跟着老师讲课的速度进行的。一般讲课速度较记录速度要快，因此笔记会出现缺漏、跳跃、省略甚至以符号代文字等情况。在记忆的基础上，及时作修补，使笔记有"完整性"。

4. 分

以文字（最好用红笔）或符号、代号等划分笔记内容的类别。例如，哪些是字词类、哪些是作品（课文）分析类、哪些是问题质疑探讨类、哪些是作家作品类、哪些是课后习题解答类等。为分类摘抄做好准备，使笔记有"系统性"。

5. 编

用统一的序号，对笔记内容进行排列，使笔记更有"条理性"。

6. 记

分类抄录经过整理的笔记。同类知识抄在一本笔记，或一本笔记的同一部分里，也可以用卡片分类抄录。这样，高考前复习、使用就方便了，纲目清晰、快捷好用，真正使笔记具有了"资料性"。

7. 舍

省略无关紧要的笔记内容，使笔记简明扼要。

以上讲述了课堂笔记的要求和记录的方法，而我们最终的目的是要利用这些课堂笔记来帮助我们对课堂学习进行复习与巩固，所以最后，再说说笔记的使用。

记笔记并不是为记而记，而是为了使用才记的。而有的同学记了笔记后就搁在一边，从来不用，这样笔记就没多大用途了。作为一个学生，应当经常看笔记，温故而知新，这样才不致遗忘。同时，学过的知识是学习新课的基础，也很有必要经常温习。经过一段新课的学习，自己的认识水平提高了，对问题的认识深刻了，通过再去温习笔记可以纠正过去笔记中的错误，就可以补充新的认识，使记笔记的水平不断提高。

做课堂记录是一件比较繁杂的事情，较为耗费精力，但却是十分有必要的，18世纪有一位著名作家塞谬·约翰逊称笔记为"必要的痛苦"。虽然说记笔记有些累、有些苦，但却是学生在学习中不可缺少的手段。然而在实际中我们发现，很少有同学重视做课堂笔记，或者是能够做好课堂笔记和用好课堂笔记。究其原因，就是不重视做笔记，没有正确掌握做笔记的方法。总而言之，通过我们的探讨，希望大家在以后的学习中能够行动起来，做一个善于利用笔记的学习者。

五、不可"一心二用"

中国有一句俗话，叫"一心不能二用"。其实，这句话中的"心"，在心理学中被称为"注意"，而在这句话中是指"注意的分配"。

心理学家曾经做过这样一个实验,当闹钟铃响的时候,要求被试者指出闹钟不停转动的指针所指向的位置,结果,谁也说不清楚。这个实验说明,看清指针的位置和听清铃响这两件事是不容易同时办到的,也就是说,人不能同时注意两件事。

这个道理非常简单,因为注意是一种全身状态,这正像一盘棋只能有一个布局而不能同时有两个布局是一样的道理。因此,我们不能同时进行两种以上的认识活动,或者说注意是不能分配的。

但是,在实际的生活、工作和学习中,经常又能看到一些注意可以分配的现象。比如学生在上课的时候可以一边听讲一边做笔记,这又是什么道理呢?这是因为我们对本国语言的规律已经掌握得十分熟练,一句话里的词用不着全部听到就可以理解,而有些词属于多余信息,这样就可以保证学生在在做笔记的同时又做到专心听讲。再如老师经常提醒学生注意力要集中,因为注意力集中是做好一件事情的必要前提,也是一种宝贵的心理品质。但是老师却一边上课,一边还观察同学是否注意听讲。他怎么就能一心二用呢?那是因为老师对教材十分熟悉,教材已不那么要求他注意力集中了,所以,他可以抽出一部分注意力观察学生,这就叫注意力的分配。

在我们的生活中也经常需要这种注意力的分配。比如乐队指挥,一边按节拍指挥,一边注意听各种乐器的音响效果;驾驶员眼观前方,手脚还能操作;有人一面蹬自行车,一面和人交谈交谈。但是,这种分配有主有从,大多都是在某一活动相当熟练的情况下,以致不需要过多的注意,这个时候,人的注意才能分配到其他活动上。同样的道理,当有人在刚开始学开车的时候,别说同别人谈话,就是连眼睛也不敢往别处看一看。

在一般情况下,如果我们同时做两件事,其中一件非常熟悉,那么就可以腾出一些精力做另一件事。如果对两件事都比较熟悉,也就是说两件事对我们都有多余信息，那么就可以一会儿注意这个、一会儿注意那个，即通过轮换注意的方法来兼顾两者。但是，严格地说，注意还是不能分配的，上面所说的注意分配实际上等于注意轮换，一心还是不能二用。

美国密歇根大学心理学和神经学家最新研究发现，人的大脑只有在持续不间断地处理一件事情的时候，才能发挥出最佳功能。研究人员说，这并不意味着人们不具备同时处理多项工作的能力，只是其效率和准确率都可能会大大下降。

研究人员在实验中让志愿者在同一时间内一边辨认图形，一边做数学运算。结果发现，由于人的大脑在两项任务间不断转换，因此大大降低了工作效率。而且，同时从事两项工作比做完一件再做另一件要多花费50%的时间。在另一项实验中，志愿者一边听复杂的句子，一边辨认几何图形，这两项任务由大脑的不同部位处理。结果导致两个部位都不能进入最佳状态。

人的大脑活动具有非常明确的指向性和集中性，即在同一瞬间大脑活动的神经中枢活动中心只能将注意集中在某一方向（某一事物、某一活动或某一个人）上。在学习的过程中，凡是集中于某一方向的时间越长，收获就越大，这指的就是一心不能二用的规律。

专心致志是学生必须养成的最基本的学习习惯。一般人不可能同时高质量地做好两项或两项以上的事情，所谓"目不能两视而明，耳不能两听而聪"。如果学生在上课的时候经常精神溜号，甚至做一些与学习毫不相干的事；自习课时经常沉迷于空想，或者东翻西看，浪费时间；做作业或复习的时候，经常做一些小动作，一边听歌一边写文章、算题，这肯定达不到高效率的学习。

第七章　精思还会善问

　　思维是一种心境，是一种妙不可言的感悟。在伴随人们实践行动的过程当中，正确的思维方法、良好的思路是化解疑难问题、开拓成功道路的重要的动力源。一个成功的人，首先应该是一个喜欢积极思考的人，经常积极地想办法运用各种思维方法去应对各种挑战和困难。因此，这样的人一般也比较容易体会到成功的喜悦。

尖子生如是说：

王琳是一名品学兼优的孩子，初三的时候，她以优异的成绩升入了重点高中，并连续两年获得奥林匹克数学竞赛前三名，之所以有着这样出色的表现，用她自己的话说就是"我的问题太多了，所以需要不断提出来，然后挑战自己，得到答案"。

王琳有句"名言"："作为学生，就该多问问题，问号的形状如同钥匙，靠它可以打开知识宝库的大门，只有将一个个问号拉直，变成叹号，才能懂得更多道理，拉直的问号越多，获得的知识也就会越多。"她还说，如果想把别人的知识变成自己的，就要多问问题，只有勤学好问，才能变成知识的富豪。

☞ 2013年安徽省高考文科状元查韦婷

说到爱徒的特点，查韦婷的老师说，她是刨根问底，其他同学问问题，知道答案就行了，而查韦婷"难对付"，她的问题一般都会问得比较深，要搞清楚知识点的来龙去脉。拿到她的问题，老师有时都不能很快回答出来；而查韦婷考出如此高分得益于她扎实的基础。她不仅刻苦做题，而且举一反三，弄懂了知识点，答题时不至于遗漏。

☞ 2008年黑龙江省高考文科状元纪宇

历史老师李欣说，纪宇上课特别认真，思绪始终跟着老师转，善于提出和解决问题，而且她提出的问题十分有思想，有的问题让人感觉很意外，因为已经超出课本所学的内容,说明她除了完成课内学业外,还广泛涉猎课外的多方面知识。

"纪宇喜欢对问题深入研究,探索精神十分强,上课弄不懂的问题,下课她一定向老师继续请教,不放过任何一个问题,这种求真务实的学习态度也使她的学习成绩十分优异和稳定。"政治教师李淑梅说。

一、培养思维的花篮

恩格斯把思维称做"地球上最美的花朵"。那么,作为学生应该如何培养自己良好的思维能力呢?

1. 不断扩大、丰富知识领域和实践经验

我们常说"读万卷书,行万里路",这也正是培养一个人思维能力最有效的方法。古今中外,凡是能够取得成就的人,一般都具有广博的见识。他们除了具有丰富的知识外,还注重积极参加社会实践,开阔视野。因为只有具备了丰富的知识和实践经验,才能形成良好的思维,才能从事物的不同方面和不同联系上去思考问题,从而才能避免片面性、表面性和狭隘性。因此,学生除了认真学好课堂上老师讲的内容以外,还需要有一定的时间和精力进行课外阅读,适当地参加一些课外社会实践以开阔自己的眼界,锻炼自己的思维能力。

2. 养成独立思考的习惯

有些同学不喜欢动脑筋,凡事只想着依赖别人。大多数学生可能就是按照老

师交代的教材内容、学习方法、解题策略去学习，没有自己的主见。这样做不利于对自己思维的培养，甚至可能会影响到以后的学习和工作。学生在平时的学习过程当中，如果只是被动地听和记，没有自己的思考，就会陷入迷惑的困境，理解也不会有深度。即使花费了很多的时间，结果还是事倍功半。所以，要想真正取得学习上的主动权，就必须要养成主动思考的习惯。比如学习古文，就要思考古文所作时的历史背景、作者的经历和思维观点；学习定理，就要分析定理的内容、适用范围和成立的条件等问题等，多问几个"为什么"，这样就会加深自己对问题的理解，从而很好地促进自己的思维能力。所以对于我们个人而言，一定要去掉凡事依赖别人的毛病，养成独立思考的好习惯，不要什么事都只是听别人的，这一点是非常重要的。我们应该自己开动脑筋去提出问题、分析问题、解决问题，多问多思、不迷信、不盲从、不人云亦云；应该敢于怀疑、敢于否定、敢于发表自己的意见；学生更应该要独立完成作业、独立完成试卷、独立选择选修课、独立地寻求解决问题的方法，真正做到"不唯书，不唯师，不唯上"，训练自己独立思考的习惯。这样在锻炼自己思维能力的同时，还能从中体会到学习的乐趣，对于培养自己的独立思维能力具有很重要的作用。

3. 保持良好的情绪状态

心理学研究表明：不良的心态对我们的思维能力产生不良的影响，而轻松的心态则能够促进我们的思维能力。狂躁、暴怒，持续的忧郁、烦恼、恐惧等这些不好的情绪，都会给思维带来不良的影响。所以，在平时，我们应该有意识地调节和控制自己的情绪，学会一些调控情绪的科学方法，保持轻松的情绪和心境，从而使自己的思维保持在最佳的状态。

4. 学会联系思考

很多学生在思考中往往把思考的内容孤立起来，看成是一个单独的知识，而忽视了这一知识与其他知识之间的联系。如，学好语文有助于我们对理、化、数应用题的理解；学好数学也可以帮助理、化的学习。这些事例都说明，只有通过对知识融会贯通地运用，才能使各科学习都有所发展。

5. 善于深入思考

很多人看问题，只凭想象作简单的思考，只看表面不看内容、只看数量不看质量、只看一面不看全面，而这些只能算是肤浅、表面的思考。古今中外，凡是有建树的科学家、理论家、发明家，他们都善于透过事物的表面现象来抓住本质，在前人思维成果的基础上勇于探索，认真思考。牛顿看到苹果落地从而发现了万有引力定律；伽利略由吊灯的摆动引发思考，从而发明了钟摆等等，都是善于深入思考的结果。所以我们也要养成善于深入思考的习惯，凡事多问几个"为什么"。

二、敢于"一枝独秀"

在18世纪的时候，世界许多地方都流行一种非常可怕的疾病——天花。天花是由病毒传染的，死亡率很高。

对于这种可怕的疾病，很多医生都束手无策。不过有一个叫琴纳的乡村医生，经过研究，他产生了大胆的设想：是否可以用人工接种"牛痘"，预防天花？

但是对于这种危险的实验又有谁敢冒着生命的危险去做呢？于是琴纳决定给自己的儿子接种牛痘，但马上遭到妻子和亲朋好友的反对。他们说，接种牛痘，儿子头上可能会长出牛角，身上会长出牛毛，并且会像牛一样哞哞叫。当时教会也出面反对，说琴纳用牲畜的疾病来传染人，属于严重的"亵渎上帝"，并且说琴纳的宣传是"魔鬼的谎言"。但是琴纳不为所动，他坚持自己的想法，果断地给自己的儿子接种上了牛痘。几天过去了，儿子只是稍有不适。琴纳成功了。

几经争论，琴纳的发现才被科学界所接受，此后再也没有人因为天花而失去亲人了。而琴纳的美好理想之所以能够得以实现，就在于他的思维的独立性。而思维独立性的反面，则是易受暗示。易受暗示的人，即使是自己有正确的观点也不敢坚持。

英国诗人拜伦曾编写了下面这样一个测试题，我们不妨可以试着做一做。

诗好比是一面明镜，是人们心灵的真实写照。当您面向镜子照着时，映出的常常不见得都是您的真实容貌。我想，一个人站在两块相对挂着的立镜中间，就会照出一连串影像。那么，假设有一间小屋，屋内上下左右前后都铺满了无缝隙的镜片，请问：当有个芭蕾舞演员身处小屋地面之中央，她能看到什么样的影像呢？

这个题能考查一个人的思维是否具有独立性。因为在屋内上下左右前后都铺满了无缝隙的镜片，所以屋内是一片黑暗，因而什么也看不见。如果有人认为能看到芭蕾舞演员的某种形象，那便是思维受了"暗示"而失去了独立性。

关于学习的独立性，有一个很形象的说法：小学老师"扶着走"，中学老师"牵着走"，大学老师"领着走"。这个说法足以说明一点：在校学习期间，学生学习的独立性是逐步加强的。毕业后，一旦走上工作岗位，那么学习和工作就基本上要靠"自己走了"，也就是说要完全靠自己独立地去发现问题和分析问题，并且去独立地去解决问题。因此，在校学习期间，学生特别要注意克服依赖性，坚持独立思考。在老师的引导下，经过独立思考，经过自己付出脑力劳动，获得真知。而一个人也只有在独立思考的过程中，他的思维能力才能迅速地发展起来。在学校学习期间，因为有老师的指导和同学的帮助，所以学生更应当大胆地进行独立思考，想得不对的地方，也比较容易得到及时纠正。一个人如果长期依赖别人，那么也只能使自己的思维能力一天天退化。

独立思考在学习中的表现应当是：善于独立地发现问题、独立地分析问题、独立地解决问题，并且还能够独立地检查判断学习结果的正误。能独立地解决别人已经解决了的问题，虽然对社会没有什么创造性的意义，但这本身却孕育着创造性思维的才能，而这种创造性思维能力的发展，极有可能促使真正的发明创造的实现。

独立思考在学习中的另一种表现应当是不盲从、不依赖、不轻信，凡事都要多问几个为什么，要在经过自己的头脑考虑明白以后再接受。而在自己没有独立想通之前，决不轻易死记硬套现成的结果。爱因斯坦的老师海因里希·韦贝尔对爱因斯坦说："你是一个十分聪明的小伙子，可是你有一个毛病，就是你什么都不愿让任何人告诉。"而海因里希·韦贝尔说的"毛病"，也正是爱因斯坦可贵的优点——独立思考，正是由于这个优点，使得爱因斯坦取得了划时代的发明创造。

有不少学生在上课的时候懒于思考，只是等着老师讲解，自己抄录现成的结论；在看书的时候，也不善于发现问题；即使是发现了问题，自己也不愿意经过独立思考去解决，总喜欢依赖别人的帮助；做作业时，一遇到困难就求助于同学，甚至把同学的作业成果直接拿来抄。这种缺乏独立思考的学习态度，很容易使人陷入学习落后的境地。

数学家赵访熊教授说："有些学生学习效率之所以不高，主要原因是缺乏思考。"古语说得好："学而不思则罔。"所以我们在看书的时候，就要养成边看书边思考的习惯，有时用来思考的时间可能往往比看的时间还要长些。比如说，书上常常是先有结论，然后再从头推演出来。而学生在看的时候，就应当反过来想一想：为了得出这个结论，先需要解决哪个问题？为了解决这个问题，又需要解决哪个问题？依此类推，最后引出证明这个结论的方法，只有这样才能更好地理解定理的关键所在。

坚持独立思考，敢于在各种质疑中"一枝独秀"，那么，一旦在学习上获得了成功，就会进一步增强独立思考的信心，使思维能力发展到一个新高度。

三、反其道而思之

在我们身边经常会有这么一些人，他们会对司空见惯的似乎已成定论的事物或观点反过来思考，而这种思维方式我们称之为逆向思维，也叫求异思维。敢于"反其道而思之"，就是让思维向对立面的方向发展，从问题的相反面深入探索，树立新思想，创立新形象。比如"司马光砸缸。"有人落水，常规的思维模式是"救人离水"，但是司马光面对紧急情况，运用了逆向思维，果断地用石头把缸砸破，"让水离人"，救了小伙伴性命。

逆向思维就是改变常规思维。例如第二次世界大战后期，在攻打柏林的战役中，苏军计划在某一天晚上向德军发起进攻。但是那天夜里是晴天，大部队出击很难不被敌人发现。苏军元帅朱可夫考虑许久，猛然想到并做出决定：把全军所有的大型探照灯都集中起来。在向德军发起进攻的时候，苏军的140台大探照灯同时射向德军阵地，极强的亮光把隐蔽在防御工事里的德军照得睁不开眼睛，什么也看不见，只能挨打而无法还击，最后苏军很快突破了德军的防线获得胜利。

逆向思维就是用绝大多数人没有想到的思维方式去思考并解决问题。运用逆向思维思考和处理问题，实际上就是以"出奇"来达到"制胜"。所以，逆向思维的结果常常会令人大吃一惊，别有所得。

逆向思维具有普遍性、新颖性、批判性等特点。

1. 普遍性

逆向思维在各种领域、各种活动中都具有适用性。由于对立统一规律是普遍适用的，而对立统一的形式又是多种多样的，如果有一种对立统一的形式，那么相应的就有一种逆向思维的角度，所以，逆向思维有无限多种形式。比如性质上对立两极的转换，高与低、软与硬等；位置、结构上的互换、颠倒，左与右、上与下等；过程上的逆转，气态变液态和液态变气态、电转为磁和磁转为电等。而不论是哪种方式，只要从一个方面想到与之对立的另一方面，都属于逆向思维。

2. 新颖性

循规蹈矩的思维和按照传统思维方式解决问题，虽然简单但容易使思路僵化、刻板，摆脱不掉习惯的束缚，因而得到的往往是司空见惯的答案。其实，任何事物都具有多面性。由于受到过去经验的影响，人们很容易就会看到熟悉的一面，而对另一面却视而不见。然而，逆向思维可以克服这一障碍，往往是出人意料，给人耳目一新的感觉。

3. 批判性

逆向是与正向比较而言的。正向是指公认的、常规的、常识的或习惯的想法与做法；逆向思维则是对传统、惯例、常识的反叛，是对常规的挑战。它可以克服思维定式，破除由经验和习惯造成的僵化的认知模式。

逆向思维是一种积极的心理活动，对学生思维活动的发展很有益。在平时的学习过程当中，由于长期受从已知到未知的解题方法思维定式的影响，再加上有的教师没有注意到对学生进行逆向思维的训练和能力的培养，所以，很多学生不善于甚至不知道运用逆向推理、逆向论证、逆向分析。

在同学们的学习中，也可以通过逆向思维，从相反的角度找到问题的思路和突破口。比如几何证明中的反证法，代数中的逆运算，在一定程度上就体现了逆向思维的方式，议论文中的驳论，也经常使用反证法来阐明观点。

但是，也并不是所有事情都可以运用逆向思维解决。比如自己的作业做不出来，那就不能要别人给你做，因为，这样做的结果只会令你什么也学不到。所以，逆向思维应该应用于使问题最终获得正确、圆满的解决，要避免产生的任何负面效果。同时还要注意，逆向思维虽然是求异思维，但它不是逆反心理的表现。逆向思维是一种思维方式，而逆反心理是一种对抗的心态，学生要特别注意区分。

四、丰富自己的想象力

人脑对已有的记忆表象进行加工改造而创造新形象的过程，就是想象。我们每个人能够亲身经历的事情毕竟是有限的，但是，如果借助合理的想象，就可以理解世界上的许多事情，了解古今中外的丰富知识，并进行创造性活动。所以，在平时的学习中，学生要特别注意培养自己的想象力。

想象力作为人的一种思维能力，受到多方面因素的影响。积极的情绪可以有力地促进想象力的发展，而消极的情绪则会抑制想象力的发展。爱迪生一生都在发明创造，正是他高度的热情使他即使到了晚年依旧很有创造力。他的许多世界级发明不仅推进了人类历史的进程，而且给人们的生活带来了极大的方便。而在应试教育下的中国学生，每天不得不日复一日地背书做题，烦闷压抑的生活极大地束缚了他们想象力的发展，这使得许多上了十几年学的学生缺乏想象力，以至于在从事设计、策划及制订方案等创造性工作时感到非常的困难。

想象力也需要和逻辑思维结合起来。即使想出来的方案很奇异，但是如果不符合实际、不符合逻辑，那么这样的方案也没有价值。

同时，想象力是以自身的知识和经验为基础的。如果一个人在某个领域完全没有专业知识和经验，那么他在这个领域中就谈不上有想象力。这就相当于一个象棋高手，虽然在棋盘上来去纵横，但是如果他毫无军事知识，也不具备任何作战经验，那么他就不可能设计出一个完善的作战方案。

心理学家的许多调查都表明，成功的人在儿童时期都具有非凡的想象力。而一个孩子的想象力越丰富，他将来成功的可能性也就越大。因此，想象力的培养非常重要。那么，怎样培养想象力呢？

1. 临摹仿效

想象力的培养，一般都是从模仿开始的。模仿是再造想象，通过模仿，可以抓住事物的内部和外部特征。但是，模仿决不是无意识地抄袭，而是把眼前和过去的东西通过自己的头脑再造出来。和创造相比而言，模仿是一种低级的学习方法，但是创造是从模仿开始的。

2. 丰富的知识经验

发展想象力的基础是丰富的知识和经验。一个人，如果不具备某方面的知识和经验，那么他的想象只能是毫无根据的空想，或者是漫无边际的胡思乱想。而只有扎根在知识经验上的想象，才能闪耀出思想的火花。经验越丰富、知识越渊博，想象力的驰骋面就越广阔。这里所说的广博的知识，除了指专业知识和与专业知识相关的科学知识之外，还包括广泛的兴趣，特别是要博览各类书籍。

生活经验的多寡，也会直接影响到想象的深度和广度。丰富的生活经验是提高一个人的想象力的重要因素。因此，学生应当广泛地接触、观察和体验生活，并有意地在生活中捕捉形象，积累表象，为培养自己的想象力创造良好的条件。

3. 培养发现问题、提出问题的优良心理品质

巴尔扎克说过："打开一切科学的钥匙都毫无异议地是问号，我们大部分伟大发现都应该归功于如何，而生活的智慧大概就在于逢事都要问个为什么？"

善于发现问题和敢于提出问题，是极有价值的智力素质，这里包括观察、好奇、怀疑、爱问、追问等。对于学生来说，观察、怀疑、想象思考以及永不满足的好奇心所产生的种种追求，都可以引导他们去选择新的目标，持续保持学习和研究的热情。

4. 参加创造活动

创造活动特别需要想象，想象也离不开创造活动。因此，积极参加各种创造活动，是培养想象力，特别是创造想象力最有效的途径之一。

5. 培养正确幻想

幻想是青少年的一种宝贵品质。但是，一个人必须把幻想和现实结合起来，并且积极地投入到实际行动中去，从而避免幻想变成永远脱离现实的空想。同时，一个人还应当把幻想和良好愿望，崇高理想结合起来，并及时纠正那些不切实际的幻想和不良愿望。

爱因斯坦说过：想象力比知识更重要，因为知识是有限的，而想象力涵盖了

世界上的一切并推动着进步。因此，学生要注意抓住一切机会，扩大自己的视野，多参加各种课外活动，多读书，以丰富自己的想象力。

五、"开口"有益

某中学对 2008 年、2009 年两届学生的期末学习成绩的最高分数段和最低分数段进行了比较调查，从对比的结果来看：在最高分数段的 70 名学生当中，课堂上积极发言的有 60 人，而不积极发言的只有 10 人；同样在最低分数段的 70 名学生中，课堂上积极主动发言的只有 12 人，不积极发言的有 58 人。调查结果显示，一般在课堂上能争取积极主动发言的学生，他们的学习成绩一般都比较优秀；相反在课堂上不积极发言的学生中，多数学习成绩都比较差。

为什么说在课堂上积极发言的学生学习成绩就比较好呢？接下来，我们分析一下在课堂上积极发言、积极提问的好处。

（1）在课堂上积极发言能更多地掌握知识，鼓励自己上课认真听讲，跟上老师的思路和节奏。同时也容易使自己对学习产生兴趣，而且接受新知识的能力也比较快，可以利用学过的知识把自己的想法说出来，从而能提高学习成绩。

（2）在课堂上积极发言，同时也可以锻炼自己的胆量和表达能力、演讲能力，还可以增强记忆力。

（3）从检验知识、掌握知识的标准与手段方面来说，课堂上积极发言可以促进积极思考。一方面自己接受知识快,知道自己会不会,检验自学的效果好不好,另一方面老师也能了解学生知识掌握的情况。课堂上发言让老师听一遍可避免出错,答错了通过老师的指正,加深了对于知识的印象,坏事从而也可以变成好事。从这些切身体验可以看出,在课堂上积极发言,除了能锻炼自己的胆量,增强语言的表达能力之外,更重要的是可以提高学习成绩。

在课堂上不积极发言、不开口的学生,绝大多数是怕说错、怕批评、怕同学笑话;也有的是上课时不注意听讲,而有些难题不会,又不敢问。而这些都是他们学习成绩差的原因。由此看来,在课堂上,学生要打消一切顾虑,如果想要提高学习成绩,就必须在课堂上注意听讲并积极发言,要善于"开口"。

六、"跟屁虫"才有戏

老师和学生好像是矛盾的双方:老师教学生,管学生,这是天经地义的;学生听老师的话,怕老师好像也是正常的。但是,在现实生活当中,良好的师生关系不一定是学生非要怕老师。从学生的角度来讲,如果想把本学科的知识学好、学深、学透,那就不仅是要熟悉教科书、参考书,更重要的是要熟悉老师。当一个学生来到了一个新的环境,面对新教科书和新老师的时候,怎样去熟悉老师并和老师沟通呢?

学生和老师的沟通主要包括以下几个环节：

1. 在课堂上

老师走进教室站在学生面前，是通过体貌、语言和情感来和学生进行沟通的。而学生听老师讲课也是一种沟通。在课堂上，学生要注意老师提出的要求，积极思考并且大胆地回答老师提出的问题。不要怕错，怕人家笑话，知道多少就答多少。其实所有老师都有一个习惯，他们一般都会对上课认真听讲、积极发言的学生印象比较深刻。所以，学生可以通过在课堂上积极发言回答问题，来引起老师对自己的注意。当老师讲完课的时候，学生有什么问题再向老师提出来，这样老师熟悉了学生，学生既解决了疑难问题，也熟悉了老师。而这也只能算是学生与老师沟通的开始。

2. 在课余时间

学生与老师的沟通不同于成年人之间的相互沟通。成年人相互沟通主要表现在了解工作、谈论家常或者是时事政治等，而学生与老师的沟通，则主要表现在学生能向老师提出一些问题，或者帮老师做些力所能及的事情。经常听有些同学会说老师偏向学习好的学生，其实不是老师偏心，而是一些学习好的学生总愿意围着老师问问题。这样时间长了，不但加深了师生之间的感情，这些学生还学习了不少的知识。所以说，在课余时间多和老师在沟通交流，不但和老师的关系近了，更重要的是学习成绩会大大提高。

3. 在课外和校外

如果在放学和上学的路上碰见老师，方便的话，可以边走边与老师交谈，借此机会征求一下老师对你学习上的建议。如果老师允许的话，还可以到老师家，帮老师做点力所能及的家务活。这样，可以很好地增进学生和老师之间的感情。

学生要积极当老师的"跟屁虫"，要经常保持与老师的沟通和交流，让老师充分了解自己的学习情况,从而使自己更快的进步。很多同学会说,为什么有的人会有那么多问题要问,而自己没有,或者说为什么自己想不到?其实这就与一个人的思维能力有关。我们知道,聪明的人一般都比较爱思考,喜欢钻研问题,所以他们的思维能力一般都比较强,他们能想到别人想不到的东西。或许,这就是他们之所以成功的原因。

第八章　课后及时补餐，形成良性循环

在进行系统的学习过程当中，做作业是不可缺少的一个环节。为了更好地掌握上课所讲的知识，必须要有某种方式进行检验，而作业就是这些方式中的一种。作业可以进一步巩固和消化课堂学习的效果，有助于培养和锻炼学生分析问题、解决问题的能力。之所以做作业，是为了让学生有意识地运用知识，从而加深对知识的理解；通过解题总结运用知识的方法和技巧，同时感受运用知识的推理过程；构建解题的框架、培养形象思维的能力、培养整体意识；训练解题速度，培养学生的眼、手、脑之间的协调能力。

尖子生如是说：

☞ **北京大学历史系王晓红**

课后复习必须要在当天进行，不要等到自己已经把大部分或者是全部内容已经忘掉的时候才去复习，那样做损失太大。学生要注意做到"日清"，当天的知识当天巩固，当天的问题当天解决。倘若拖延到以后再复习，就会事倍功半，这样做的话只能是得不偿失。

☞ **清华大学物理系田文仲**

在完成了作业之后，要独立检查验证。对于理科类的作业，主要检查是否有漏解、漏掉单位或者是答题格式等，又或者是自己的解法是否有错误。对于文科类的作业，主要是从头到尾细读一遍，查看自己有没有错别字、病句和词不达意的地方或者标点符号使用不当等。在做完所有的作业或是卷子之后，需要对所有的题目进行核实，看是否全都做完了。

一、巩固课堂的"助推器"

有很多学生对为什么要做作业存在一些不正确的认识，他们认为作业只是老师布置的任务，是老师的要求，所以自己只要第二天能够交给老师就行了。他们甚至把做作业看成是一件苦差事，完成作业只是完成老师交给的"任务"，这样的想法只能是导致做题效率低下。老师布置作业的目的在于能够使学生对课堂上所学知识得以巩固，作业的目的并不在于"任务"，它就像是一个"助推器"，可以使学生对所学内容真正得以消化，从而达到学以致用的目的。

作业的作用主要包括以下几个方面：

1. 可以加深对知识的理解和记忆

通过课堂学习，对新概念、新原理做到一个初步的掌握，但在各种不同的具体情况下，学生对于如何应用这些新知识可能还不太清楚。而做作业正是对知识的具体应用，使知识的掌握变得更加准确、灵活和充实，使新知识变得不再是一种空洞的条文或死板的公式。实际上，不少同学正是通过做作业，弄明白了容易混淆的概念，搞清了事物之间的关系，而对于公式的变换运用也更加灵活。可以说做作业的过程实际上就是促进知识"消化"的过程，它能够使知识的掌握进入到应用的高级阶段。

2. 检查学习效果

学生拿起作业题，如果不用翻书查找、不用请教老师和同学，势如破竹，这就说明了自己预习、上课、课后复习的效果是好的。相反，学生在面对作业题的时候，如果不知道从何入手，也不知参考什么书，请教别人连问题也说不清，这就说明自己于前面的学习环节脱节了。

而有的同学很自信，认为自己对知识全都理解了，所以不需要做题。其实，这也可能只是不懂装懂的表现，课后不及时练习，很可能导致学生对所学的知识有一种似是而非的感觉。学生不能仅仅只靠自己的想象，而要在做作业中进行检验。通过做作业来检查学习的效果，以便扬长补短，及时进行复习。

3. 可以促进相应技能的形成和智力的发展

作业、练习、应用可以使知识转化为技能和能力。学生只有应用知识，才能够形成相应的技能。例如，数理化作业有利于形成解题技能和操作技能；政史地作业有利于形成写作技能、绘制地图技能、解题技能等。同时，做作业也可以提高学生分析问题、解决问题的能力。在做作业的过程中，学生要动脑筋思考问题，从而使自己的智力得到实际锻炼，久而久之，能力也就能够逐渐得到提高。

4. 可以为总复习积累资料

老师在布置作业题的时候，一般都经过自己的严格选择，很有一定的典型性。所以，学生做完作业之后，如果能够按照知识体系进行分类整理，使每一部分知识都有相应的作业习题与其配套，这样，学生在复习的时候，翻阅一下自己平时的作业，就会留下深刻的印象，这样对复习也很有好处。

二、正确对待作业

作为一名学生，几乎天天都要做作业。但是，到底为什么做作业和怎样做作业，不少人仍有很大的盲目性。有的学生认为，作业是老师布置的，还要检查判分的，所以要做作业；而有的学生把作业当成了负担，视为一门苦差事。其实，做作业有许多好处：一方面可以及时检查学习效果；另一方面还可以加深自己对知识的理解和记忆；也可以锻炼自己的思维能力；同时还可以为以后的复习积累资料。因此，每个同学都应当正确地对待作业。

学生想要让练习真正达到检查学习、加深理解和记忆的良好效果，那么就要养成良好的做作业的习惯。

1. 在做作业之前，事先准备好学习用具（胶带、白纸、水彩笔、书本等），不要等到用的时候再临时去找。

2. 在做作业之前，应该先大致浏览作业的数量，看看哪些科先做、哪些科后做、哪些功课的分量较大、哪些难点最多、什么比较难、什么比较易等，做一个安排。并自我规定完成时间，看表计时。一般情况下，学生可以把需要完成的科目按文理分开，先做容易的部分，然后再做比较难的，这样就可以保持充沛的精力。在两门功课之间，也可以适当休息、喝水、上洗手间等。

3. 做作业时，不要让父母来打扰自己，做到独立完成作业。

4. 在做作业的时候要集中注意力。不要做与作业无关的事情，拿走书桌上摆放的会令人分心的东西。尽量不要离开书桌，应该一气呵成。

5. 在作业的时候尽量不翻阅资料，除非是有疑难问题。因为从做作业的角度看，预习、上课和课后复习就已经是为做作业做的准备工作。如果领会并巩固了知识，就可以独立地应用所学的知识去分析和解决问题。如果真遇到解决不了的问题，还是要翻阅资料，必须要以解决问题为宗旨。

6. 学校里的作业要抓紧，能在学校里完成的就不要带回家里。放学后不要先去玩个够，等到精力耗的差不多时才去做作业。

三、怎样做好课后作业

做作业不是一项孤立的学习活动，预习、上课和课后复习，就是在为做作业做准备。学生通过预习、上课和课后复习，领会并巩固了知识，这样，在课后做

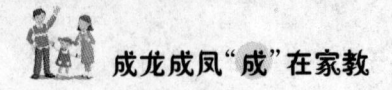

作业的时候，才能够使自己有条件独立地应用所学知识分析和解决问题。

有些学生的作业迟迟完成不了，究其原因，就是在做作业之前的学习环节上"欠了债"，结果导致欲速则不达，甚至还要返工，从而降低了写作业的效率。

心理学指出，学习是一个循序渐进的过程，学生如果在前面的学习阶段偷工减料，必将在后边做作业时受到"惩罚"。因此，学生如果想让作业有效果，必须做到以下几点：

1. 认真复习

做作业之前必须先认真复习当天所学的内容。最好在复习完课本后再接着看参考书（参考书不宜多，精选一本就行），这样做就可以补充老师讲课时可能存在的不足。

2. 做作业时要认真审题

首先，不要把题目看错了。在实际的操作过程当中，学生因为看错题而把题做错的现象十分普遍。所以，学生在看题时，认真、沉着、冷静十分重要，这样做，从表面上看似乎"慢"，但实质上这个"慢"正孕育着真正的"快"。

其次，要善于把一道习题分解成各个部分、各种因素、各个方面、各种已知、未知和潜在的条件等。只有做到这样，才能够化繁为简、化大为小，把问题逐步解决。如果不耐心地对习题进行"解剖"分析，就很可能会因为无从下手而一筹莫展。

最后，在分析题目的基础上，要把有关的旧知识联系起来，把题目的各个部分有机地联系起来，并与过去解题时用过的有关思路和方法联系起来。

3. 做作业时不能翻书

有些学生由于事先没有认真复习，做作业时遇到不懂的地方就翻书。这样，即使把作业做完了，那也只能算是一种假象，学生并没有真正掌握知识，一到考试就会很容易忘记。大家知道，考试时是要靠自己独立去完成试卷，工作后也要靠自己独立去完成任务，因此，学生在做作业的时候，也要有这种依靠自己独立学习的态度。有了这种学习态度，才能做题靠自己运算、靠自己检查核对，只有这样，做题的准确率才会越来越高。

4. 作业必须限时完成

做题的关键是要保质保量，简单地说，就是学生不仅要把题做对，还要尽量快速完成，从而提高做题的效率。如果学生把平时写作业当成考试来做，养成一种紧迫感，那么，到真正考试的时候就能够像平时做作业一样，减少了许多紧张和压力，保持心态平稳，从而有利于更好地发挥出正常水平。

5. 做错的作业必须归类整理

一个人不应该在同一个地方跌倒两次。对于学生来说，真正聪明的学生也不允许自己在同样的错误上再犯第二次。所以，在老师批改后的作业当中，学生需要把做错的题目进行归类和整理，总结做错的原因，避免在下次遇到同类题时依旧做错。

6. 作业必须有始有终

学生在做作业的时候，最好是完成一科作业后再去做另一科作业。东一榔头西一棒槌只会使自己当天所学到的知识变得混乱，思路不清晰，没有条理性，而且还会使复习巩固缺少整体效果。

7. 课外练习

学生在完成了老师布置的作业以后，如果还有剩余的时间，还可以做一些课外习题，习题量不必太多。这样做的目的是使自己对当天所学的知识进行迁移和拓展，从而得到进一步的巩固。

8. 独立检查

有的学生在考试之后，很快就能够对自己考试的结果做出准确的估计。他们之所以能够做到这一点，就是因为他们平时坚持独立检查作业的缘故。独立检查，就是在做完作业之后，自己想办法来判断作业做的是否正确。这是保证作业质量不可缺少的一步，就相当于产品出厂前要检验是否合格一样。

独立检查作业，可以培养学生独立思考问题的能力。做完作业对答案，交了作业等老师判断对错，而自己心中却完全没有底，这不是好的学习习惯。学生应当具有学会自己独立检查、验证作业的结果是否正确的本领。

　　课后作业是整个学习过程中极为重要的一环，它一方面可以检查自己的学习效果，另一方面还可以加深学生对知识的理解，把易混淆的概念搞清楚，将书本知识转化为自己的知识和技能，更重要的是还可以培养自己的思维能力。因此，对于课后作业，绝不能当任务来敷衍，学生只有明白了作业的真正目的，走出课后作业的误区，才能使自己更扎实地掌握所学的知识。

四、因为完整，所以完美

　　学生做作业的过程应力求完整，作业的过程完整了，那么作业的质量也相应会得到提高。如果久而久之形成一种习惯，那么将非常有利于将来在考场上的完美发挥。所以，学生在做作业的时候，一定要做到完整，具体包括以下几个步骤：

1. 先复习后作业

　　复习是做好作业的关键。学生只有复习得好，作业才能做得好。在做作业之前，先把老师这一节课所讲的内容认真地看一遍，搞清楚基本原理和概念，想一想这一堂课讲了哪些内容、原理以及概念？提出了哪些定理、公式？这些定理、公式是怎样得出来的？有什么意义和作用？它们互相之间的关系是什么？特别是对例题要明白、清楚它的典型性和代表性，解题时用了哪些方法，解题思路是什么，突破口在哪里等等。学生只有在全部弄清楚这些问题后，再去做作业，作业才能做得既快又正确无误。

2. 先认真审题

做作业最关键的一步就是审题，学生如果连题都判断错了，那么作业内容肯定也就全错了。解决任何一个问题都是如此，首先第一步要做的就是审题。认真审题就要多琢磨，细推敲，深思考。学生在审题的时候，首先是弄清楚题目的内容、所给的条件、有什么限制、什么要求、需要联系哪些知识等等；其次是考虑好解题思路、方法、步骤，学生要善于把一道题分成几个部分，化大为小，化难为易，分清楚其中的已知和未知，弄清各部分之间的联系，设计好整个解题步骤。一定要让自己养成不明白题意不做题、不清楚方法步骤不下笔的好习惯。

3. 细心地做题

做题是表达思路的全过程，这个过程要求既要动脑，又要动手。而学生做题的关键是要保证规范和准确。要做到这两点就要求学生认真地抄好题，书写格式必须正确、规范，严格按照各类题的解题要求，仔细演算解题的每一步，从而得出正确的结果。学生只要在平时做题的时候认真细致、步骤完整、思路正确、表述严密、准确无误，那么在考试的时候才能照这种良好的习惯进行。

4. 认真检查作业

做完作业之后认真检查，是保证作业高质量的重要手段之一。学生在做作业的过程中，由于种种原因，难免会出现各种各样的漏洞和问题，因此，作业做完之后，一定要经过认真检查之后再交上去，这样就能够有效避免作业中的差错和遗漏。作业检查一般可以分四步进行：一是检查题目是否抄对；二是审题是否正确；三是运算是否正确；四是方法、思路与步骤是否正确。学生在平时做完题以后要认真检查，考试时做完题更应该进行认真细致地检查，因为检查是发现和排除错误的重要方法。

5. 做完作业后要耐心思考

在作业完成之后，一定要耐心地再思考一遍，想一想做这一道作业题用了哪些概念、原理或公式，这道题和例题有什么关系，和哪些题有联系，有什么特点、是否有规律可循,稍加变化还能变成什么样的题,是否还有其他的解题方法等等。经过这样的思考,才能把学习的知识融会贯通,从而达到系统掌握、触类旁通和举一反三的目的。

6. 认真分析批改后的作业

老师把作业批改发回来之后,学生一定要尽快翻阅,尤其是对于那些做错的题,学生更应该认真分析、耐心反思。对做对的题目,想一想是采用什么样的思维和方法做对的,以后遇到类似的题能不能触类旁通;对做错的题,要找出做错的原因。

7. 习惯成自然

认真做作业是个习惯问题,学生只要慢慢形成了耐心、细致做作业的习惯,那么在考试的时候就不会犯一些低级错误。因此,培养和形成良好习惯非常重要,而想要养成这种良好的学习习惯,就必须要做到几年如一日的努力。

五、重质量,也要重速度

学生在交作业之后,老师一般只判断对错,很少过问完成作业用了多少时间。学生在平时做作业时,如果不要求自己效率上的提高,做作业速度慢、错误率高,那么,在以后的考试中就容易遭到挫折。做题是一个又用脑又动手的过程,所以,这一过程,不仅要求学生把题做对,而且还要尽量快速完成,从而提高做题的效率。

首先是一次性正确率，包括两个方面：一是做题思路正确；另一个是答案正确。很多学生做题造成正确率低的原因主要有两点：一是轻视运算，认为这是简单问题，所以懒于动手。有些同学经常用计算器进行计算来代替自己的脑力劳动。而对于那些用惯了计算器的同学，时间久了就可能连进行最基本的运算都会感到吃力。如果长期使用这种图省事的办法，那么运算能力肯定会"退化"，而脑子长期不用也会"生锈"。二是做作业的独立性差，依赖性强，做完作业后喜欢马上和同学对答案，如果对了就过去，错了把答案改过来就算完事了。

另外，"快"是勤学苦练的结果。要想提高做题的速度，既要靠自己平时知识的牢固积累，理解得透彻，还要靠平时的刻苦练习。

在平时做作业的过程当中，学生如果能对自己严格要求，做到又快又准。那么，在以后的学习和考试中就会信心百倍，做题正确率高，那么成绩也就自然而然的高。

六、延伸解题的视角

要想提高学习效率，还需要练习一题多解，从不同的方面对同一问题进行解答，延伸解题的视角。用多种方法解答同一道试题，不仅可以使学生更牢固地掌握和运用所学知识，而且，通过一题多解进行分析比较，寻找解题的最佳途径和方法，能够培养学生的创造性思维能力。因此，在每做一道题时，学生都要认真想一想，这道习题解题的基本思路和方法是什么？用了哪些概念和原理？这道题

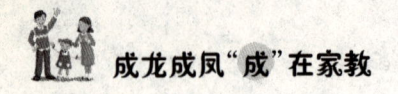

考查的意图是什么？除了这种解法以外，还有别的解法吗？

　　有些题目，如果从不同的角度去分析，就会得到不同的解题方法，也就是说从多个角度去思考就会有多种解法。这样做可以使学生自己的思维更开阔，也能从中找到最佳的解题方法，并且可以有效增强学生学习的欲望。

　　课后的练习是学生学习的重要环节，对巩固知识、提高学习效率有非常重要的意义。所以，学生对所学的知识，不仅要了解它、掌握它，更重要的是要学会运用它。无论是从老师那儿学到的知识，还是从书本上得来的知识，或者是从电视、多媒体等方面获得的知识，只有经过自己的思考、加工以后，自如地运用于实践，这样的知识才有价值。而学生做作业，做练习，就是帮助自己体现这种价值，以便于以后在实际运用中更好地使用这些知识和技能。

第九章　扼住错误的咽喉

学生在做练习的时候，往往最容易犯的一个错误，就是忽略对错题的改正。作业本发下来之后，只看老师给了多少分，而很少关注到自己的错误或者是错在什么地方，是什么原因导致自己做错了，是看错了题，还是解题的思路不对？很多尖子生都有这样的体会：分析一道题，往往比做十道题的收获更大。因为他找到了解题的方法和技巧，所以他们一般都有整理错题的习惯，他们都有这样一个本——错题本。在完成老师布置的作业之前，先把做错的题抄写在错题本上，认真分析错在哪里，是什么原因，应该怎么做？找到了错题的症结，再重新做一遍。错题是个宝，能帮助学生从错误走向正确。对发回来的作业本，要认真阅读，对那些错误的地方一定要改正，"扼住错误的咽喉"，使错误不在发生，并要好好保存，以备以后复习用。不言而喻，"错题本"可以提高学习效率，减轻学习负担。通过"错题本"的使用，可以使学生更准确地把握知识点及概念点，可以有效改善学生粗心的现象，从而迅速地提高学习成绩。

尖子生如是说：

☞ 2012年河南文科状元于成亮

厚厚的错题本，是他学习不断进步的第一个"法宝"。如何不让错题再错，或尽量减少差错，是学习不断进步的诀窍之一。而错题本，就是打开这个诀窍的一把"金钥匙"。高中三年下来，仅数学错题本就有十几本。英语等科也有错题本，这些提醒他不再犯同样的错误。

☞ 2009年湖北省文科状元李洋

学习数学，李洋更有他的一套方法——上课认真听讲，勤做笔记，及时完成老师布置的作业。此外，他专门备有"改错本"，将所有做错的题目集中在"改错本"上重新做，并不时地拿出来温习、消化。如今，他的"改错本"上共有500多道曾经做错的题目。久而久之，再遇到这样的题目，在李洋看来就是很简单的题目了。班主任张德军老师这样评价李洋：他是个善于从错误中总结学习的学生。

☞ 2005年陕西省文科状元谢尼

错题集是许多成绩好的学生必备的，我也不例外，而在这里我强调的是如何充分利用自己的错题集。错题大约可以分两种：一种是自己根本不会做，因为太难了，没有思路；另一种是自己会做，因为粗心而做错。

☞ **2011年泉州文科原始分第一名林婧婷**

"我很注重细节,注重归纳,每道题边都要注明解题方法。"错题集每周她都看一遍,每次考试前也看一遍,考试遇到类似的题,就能很快反应出做题方法。

☞ **2007年黑龙江高考文科状元禹奇锋**

老师提供的学习方法也是大众化的,我们老师提供整理错题好题的方法,就非常适合我。整理错题,是对你所学知识的一次总结,在总结中前进。没有总结,只能停滞不前,整理出有价值的错题好题,总结出学习经验,达到举一反三的效果。

一、预见错误,取得好成绩

我们知道,考试有时候并非能够考查出一个学生的真实水平。在考场上,考生之间比的不是不全是智力因素,而是谁的错误少,错误少成绩也就自然高。在考试的时候,学生要做的就是使自己尽量的少犯错误,这样才能考出一个好成绩。而一般情况下,做错题的原因可以分为以下三种情况:

1. 概念不清

造成错误发生的最重要的原因就是对知识点的掌握不够准确。经常有同学对一些概念性的知识点的理解似是而非，很明显，在实际做题过程中，发生错误的几率一般都很大。

2. 思路不对

如果仅仅是因为不懂，那么对这道题目的直接影响只是不会做罢了，而多数学生是由于思路不对。由于对题型不很熟练，或者审题不当，造成思路不畅、南辕北辙。通常在考场上糊涂，一下考场才反应过来了。或者就是只要经过别人小小的点拨和提醒，一下子就恍然大悟了。这种错误最具有欺骗性，往往以为自己明白了，但并不扎实的知识结构很容易使错误重复出现。

3. 粗心大意

学生如果是因为粗心而引起的错误，那么就是低级错误。同样的，对粗心的忽视是造成同类错误不断发生的主要原因。通过对许多学习程度中等的学生的卷面进行分析，我们会发现产生错误的一大特点就是：低级错误重复出现。

面对作业、练习和试卷中出现的错误，很多学生只是看一看，知道错了就完了，或者知道怎么错了，认为很简单也就完事了。这种无所谓的态度是非常普遍的。有的同学也明白"错题本"是个好办法，也有了自己的"错题本"，可是在刚开始的时候可能还能够及时完成，到了后来也许由于功课比较紧张，或者是因为错误表现得比较简单，也就逐渐放松了错题本的使用，甚至最后连"错题本"放在什么地方也不知道了。

还有同学错误地认为"错题本"不算作业，是额外的内容，甚至是一种负担，可能口头上答应去做，但实际上却是敷衍了事，所以在实际行动中也不能很好地实现。其实解决错误的办法很简单：做完题再认真检查一遍，把以前做错的题收录在错题本里。做完题检查，是为了避免错误；而收录错题是为了避免错误再次发生。学生应该对错误进行毫不留情、毫不手软、毫不宽容的清理和扫荡。

二、把总结作为必修课

我们经常会发现这样一个问题，那些优等生似乎不比自己题做得多，但成绩却一路领先。经过观察，我们不难发现，他们的一大优点，就是善于总结。因为善于总结，他们才会做同量的作业，然而却学到更多的知识。

一般情况下，优等生在具体做作业，尤其是理科作业的时候，会从两个方面进行总结：

1. 尽量尝试一题多解和一题多想

一题多解，也就是说一道题寻求几种解法的学习方法。一题多解属于发散思维，而"发散思维"是一种创造性思维，它沿着各种不同方向去思考，所以它的产物不是唯一的，而是多种多样的，因而它具有新颖性、伸缩性、多样性和精细性四个特征。

一题多想，就是当每做完一道题后，要认真思考，做这道习题运用了哪些概念和规律？这道习题主要考查的是什么？这道习题能不能变一变，从另一个角度提出等等。

2. 比较归类，多题一解

现在市面上习题千变万化，数量众多，所以有"题海"之称，怎么办呢？

这个时候，优等生很善于比较归类。也就是说，在做完作业后，他们会想一想，这道习题在知识上属于哪一类？解题的思路和方法又属于哪一类？然后他们会对做过的题目进行横向比较，找出它们共同的地方。题目做得愈多，这种个别到一般的比较归类工作就越重要。比较归类以后，很多大同小异、具有同一种解法的题目，就把它们归入到知识的体系中去。这样，优等生做了一道题，就可以抵得上一般学生做一类题，而他们的综合解题能力当然可以得到很快提高。

优等生更会认真分析批改后的作业。老师把作业批改发回来之后，他们会马上翻阅，认真分析、耐心反思。对做对的题目，想一想是采用什么样的思维和方法做对的，以后遇到类似的题能不能触类旁通，还有没有其他解题的方法；对做错的题，要找出做错的原因。做错题一般有三种原因：一是由于马虎、慌张、粗心大意而搞错；二是基础知识没有掌握，弄错了概念、公式、定律等；三是思路不对，张冠李戴。属于第一种原因的学生，就要提醒自己以后在做题的时候要多加小心；如果属于第二种原因，那么学生就要在预习、听课和复习上下工夫，牢固掌握所学知识后再去做作业；属于最后一种原因的学生，就要认真钻研和分析例题，明确解题方法。只有经过分析反思，才能吸取经验教训，避免今后再发生类似的错误。

但是有很多学生，都是在老师把作业批改后发回来时，只拿在手里打开看一下分数或对错，就往书包里一放再也不管不问。为什么错？为什么对？从来不去反思。

而对学习进行系统小结，是学生通过积极地独立思考，达到全面、系统、牢固、深刻地掌握知识和发展认识能力的重要环节。做好系统小结的基本要点，除了做好课后及时复习以外，还必须注意以下几个方面：

第一，系统小结是在系统复习的基础上进行的。

第二，以教材为依据，参照课堂笔记、作业和有关学习资料，对需要进行小结的知识进行系统复习。

第三，抓住一个或几个重要问题，运用科学的思维方法对所学的知识进行积极地思考，揭露知识之间的内在联系，使知识系统化、概括化，可以用一个简明的表格或提纲，或几句精炼的语言准确地表达出来。科学思维方法的运用，应贯穿于学生的整个学习过程。

第四，在小结的过程中，要注意培养丰富的想象力和创造性的思维能力。

第五，在小结的基础上，要及时检查学习计划执行的情况，进一步修订或制订下一阶段的学习计划。

三、随时进行"圈地运动"

对于学生而言，要特别注意学会随时进行"圈地运动"。这里所说的"圈地运动"是指要把自己平时容易犯的错误"圈起来"，通过这个"圈地运动"整理出来一个"错题本"，然后重点针对这个错题本，发现问题，进而解决问题，使自己不再犯同样的错误。在开始的时候，学生可以把本学期甚至是本学年的所有错题全部都整理出来，这对于成绩较差的学生特别重要。而且千万不可以半途而废，要对自己充满耐心和信心。其实只要坚持下来，善待错误，很快就会发现，错误会变得越来越少，学生也很快会从烦琐的错题整理过程中感受到快乐和信心。

"错题本"整理出来之后，要经常翻阅，每周或两周一次重做一下错题，考试前更应重做"错题"。在开始的时候，"错题本"里由于粗心的类型可能会占大多数，但随着这项工作的深入，"错题本"中的错误质量肯定会越来越高，数量也会越来越少。那些由于概念点和思路而引发的属于平常没有做对，考试又犯错的典型错误，如果平时就能够解决好，到最后考试的时候自然就不容易再犯了。

　　对错题清理扫荡的过程，其实就是对错误整理的过程。学生在作业、练习和试卷中发现错误后，要及时收录在错题本里。在错题本里，最好先把做错的题目全部重新抄一遍，然后写出错误的原因，并把正确的解题过程写上去。这个过程我们叫"错误整理"。也就是不仅要分析错误的原因和种类，还要在错题数量到了一定数目的时候，分析各种错误现象所占的比例。了解自己犯错的规律和特点、了解自己犯错的原因，并且通过分析原因找出自己在学业上的不足和空白，达到提高知识掌握的水平，其实这也就是错题整理的目的。错误整理的关键就是要每题必录，不管错题是由于什么原因造成，都有必要被录。一道非常复杂的题目，即使是由于最后得数加错了，或者忘了写单位等等小问题，也应该要不厌其烦地摘录下来。

　　有的同学可能会觉得，花费许多时间去整理一道很简单的错题非常不值，但可能就是因为这种自我谅解、自我宽容的心理会让他继续重复错误，因为这个错误的习惯而并没有使问题得到真正的认识和解决。错就是错，不分大小。只有通过对自己带有惩罚性质的错误整理，通过这个过程，使自己仔细地回顾犯错误时的经历，才可以更好地避免在以后类似的情况下犯同样的错误。

　　其实，错误是宝贝、财富，是进步的资本，一个人如果不犯错误，那么他怎么知道自己该做什么。而错误也是不分大小的，这就好比是战斗中的敌人，打死一个少一个。其实高分的秘诀也就是比别人的错误少一点，所以学生在平时就是要迅速发现错误并且解决之。因为错误我们才知道自己的不足，对大多数学生来说，做一堆题，做错的题目虽然是少数，但不可以因为少或者错误的原因简单而忽视它，一个错误其实就是一个盲点。有的学生，由于对待错误的态度不正确，或者是缺乏正确的方式来解决错误，那么错误将不仅会在任何可能的时候发生，而且会是经常重复地出现。所以，对待错误一定要严肃。只有这样，错误才会越来越少。而事情就是这么简单，只要把错误收在眼底、捏在手里、放在心里，想错都难。

四、提高解题能力的方法

1. 要吃透典型例题

再讲这个方法之前，我们先来讲一个徐悲鸿画马的故事。徐悲鸿画的马，瘦骨嶙峋、四蹄生风、泼墨所致、筋骨如峰、飞鬃如云、点蹄似金石。他吸收了西画素描的特长，而且集国画笔墨之韵趣，脱颖而出，称得上是一代绘画艺术的精品。

徐悲鸿在画马之前，经常会去马场速写，精研马的解剖，积稿盈千。他师法自然、融会古今，自创独家笔墨。他的画有深厚的素描功底。他学素描，自有一法，在每画完一幅精心的素描后，就要记住其特征，默画一幅，然后对照原作，改正错误。之所以他的技艺能够出类拔萃，学习方法独具一格是其原因之一。

初看他的学习方法似乎有些"笨"，别人只画一次，而他却要画两次。要知道认真画好一幅画，比盲目地练习要强百倍。在第一次作画的时候，也许还把握不住精华所在，但是经过第二次"默画"，头脑经过一番"去粗取精""去伪存真"的消化就能成为对自己有益的营养。

同样的道理，一般学生的解题多半停留在模仿例题这个层次上，如果题型稍微变化一下，就会感到一筹莫展，不知道如何下手解题。然而，正式的考试时试题一般都比较灵活，如果单凭模仿是很难得高分的。这也就是为什么很多学生作业题会做，而一考试分数就比较低的原因。真正的学习要求学生在本质上掌握知识，并且要达到灵活运用的程度。

为了能够正确、迅速地完成作业，学生在做作业之前要首先吃透例题。吃透例题并不是形式上的模仿，而是在本质上吃透。美国麻省理工学院教物理的赫伯特·林博士曾经说过这样一段话："在学习每个典型例题或证明时，一定要达到自信已理解为止。然后合上书，靠记忆来解题。如果你被难住了，对照书检查一下，然后等一会儿再做一遍。通过研究典型例题，不仅有助于你深入理解该例题所表明的概念和定律，而且一旦掌握了解题过程的始末，在做作业时，你就会容易地解决比较难的题。"如果学生能够养成这种在做作业之前吃透例题的习惯，那么做题的正确率也就自然而然地会得到提高。

2. 处理好质与量的关系

想要比较好地掌握知识，首先练习必须要达到一定的量。数学家杨乐在江苏南通中学读书时，初等数学题就足足做了1万道以上，从而获得了较系统、较完整的数学基础知识。而苏步青教授在学生时期曾经做过1万个微积分的题目，他认为学生要想真正把知识学到手，"一定量的重复是很有必要的"。但是追求量的同时也千万不能忽视做题的质，而且质较量更为重要。

很多学生擅长搞"题海战术"，以为多做题，效果必定大。有位特级教师曾就这个问题亲自做实验，他说："有个星期天上午，我坐在家里打开复习资料做题，做了一个又一个，有的很顺当，有的要想想，就这样算了一个上午，确实有些疲劳。当我把笔一放下，书一合上，脑子里除了留着最后一题的印象之外，其他的仿佛全忘记了，只是完成了算题的任务，至于提高分析能力、往脑子里增加新的知识等方面似乎一无所获。"他还说："客观地分析一下，学生目前一天得演算多少题，做题的目的究竟为了什么？因此，一定要扭转这种事倍功半的学习方法。"

这位特级教师主张：做题不必在多，而应该少一点、深刻一点、记牢一点。他说："做题时，应先做例题，钻研例题，再做习题。每做完一个题都要想一想：这个题检查了什么基本概念？你运用什么基本规律解题？你用了什么样的方法解题？解题的思路是怎样的，还可以用什么方法去解？你自己根据实际情况把这个题的条件加以改变，又会得到什么结果？比如说题目给的是光滑的斜面，你可以把斜面改成有摩擦；题目问的是直线匀减速，你可以考虑直线匀加速。通过做一个题，变成做几个题，变成做一类题。"

这位特级教师的见解非常符合心理学规律，心理学告诉我们：只有经过反复思索的东西才能记忆深刻，只有经过消化的东西才能"创造"出能力。如果学生一味追求做题的量而忽视做题的质，那么势必会影响其基础知识的掌握和解题能力的提高。

3. 遇到难题，要独立思考

在学习的过程当中，每个学生都会遇到难题，但不同的学生对待难题的态度和处理难题的办法却是不大一样的。我们经常可以观察到，不少学生遇到难题时不是积极开动脑筋、力争自己解决，而是毫不经过自己的思考就去问老师、问同学，有些甚至干脆把别人的作业拿过来抄在自己的作业本上。但是优秀的学生则认识到突破难题，不仅会深入掌握所学的大量知识，而且有助于培养分析问题、解决问题的能力。清华大学的学生史小六上初中的时候就专门准备一个本子，经常收集、研究《中国少年报》等报刊，收集了一些有趣味的题目。他就是这样通过做数学难题来促使自己动脑筋，从而激发了自己对数学的浓厚兴趣。我国著名数学家苏步青教授当研究生的时候，有一次他在研究几何问题上，遇到了一些从前没有学过的解析几何知识，于是便去请教老师。然而，老师没有回答他的问题，而是让他去查沙尔门·菲德拉的解析几何。这本书有3大厚本，又是德文版，那个时候他的德文基础并不好，所以读起来很吃力，但也只能去啃。他说："当时也埋怨过老师不来教我，但是，当我读完那3大本以后，不但解决了我所研究的问题，同时还获得了几乎一生用不完的基础知识，对以后的研究工作起了很大的作用。"上述两个例子表明：靠自己的力量突破难题会使我们受益无穷。

学生在学习中遇到的难题，一般是由于自己对知识理解得不够深刻、全面和准确，或者是不会运用的缘故，而并非是题目超出了所学知识的深度和广度的问题。在这个时候，就应反复阅读教材和笔记，认真思考领会，使自己对知识的理解达到融会贯通的程度。

如果经过自己的独立思考，问题还是得不到解决，这个时候最好暂时放下来。著名数学家拉普拉斯曾经谈到，如果把某个非常复杂的问题搁置几天不去想它，当再拿起它重新研究的时候，往往又会变得极其容易。这话有一定的道理，值得我们借鉴。

但是，如果要是到最后还是没有解决，就应再去请教老师和同学，跟他们讨论，寻求解决问题的方法。但是要注意在寻求帮助的时候，不要让对方讲透，只求在思路上点拨一下就可以了。

4. 归类训练有利于提高解题能力

如果一个学生能利用一段时间集中钻研同一类型题的做法，并在做题时认真总结做题规律，摸清需要掌握的基础知识，那么他就能够在短时间内取得较大的学习效果。比如在英语的学习中，学生可以在一段时间内主攻"时态填空"这种类型题。在做题的时候，一方面摸清做这种类型题的方法，摸清应注意的地方；同时将自己还没有掌握的知识及时补上。当这样做完100~200道题后，学生也就会自然而然地摸出一些做题的门道，那么在考试的时候就不会对此类型题感到怵头。如果以这种方式做题，那么就能够迅速提高解题能力。

第十章 "好"学习，学习好

我们都知道，恒心和毅力是一种非常可贵的心理品质，是一个人能够成功实现自我价值的不可或缺的一种心理品质。心理学家曾经说过，一个人之所以能够取得伟大的成就，其主要原因或许不在于他具有超常的智力，而在于他具有超常的意志力和毅力。而对于那些缺乏毅力的学生，他们容易被外界的事物诱惑，所以做事情没有持久性、稳定性，他们对自己的行为都或多或少的缺乏应有的控制能力。当他们在平时的学习过程当中遇到困难时，要么打退堂鼓，要么去问老师或同学，往往不肯自己动脑思考。还有一些学生，他们总是打算计划的很好，比如每天早上背一篇课文、每周读一本好书、写一篇文章等等，但每次都只是开个头，就没有下文了，根本就做不到坚持到底。对于学生而言，要想取得一个好成绩，就必须要"好"学习，即要爱好学习这个过程，并且为学习这个过程不懈奋斗和努力，只有这样才能学习好，才能有所成就。

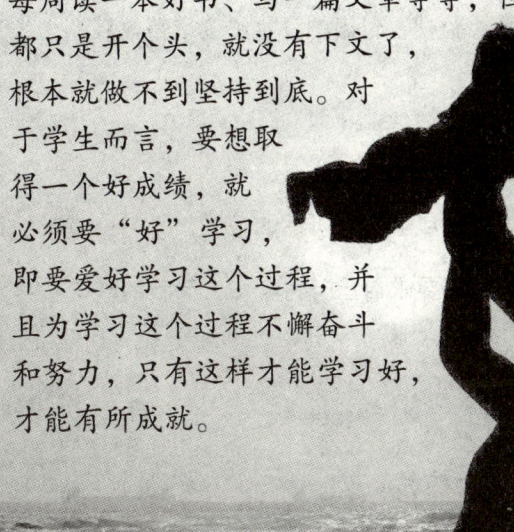

尖子生如是说：

☞ **2007年天津市文科状元於思雨**

要想取得好成绩，最重要的一点就是勤奋当然还得再加上一点点的"小聪明"。在勤奋的基础上把知识的规律抽取出来可以更加节省时间达到事半功倍。学习的时候需要注意方法不能死学但是还是需要所谓的"题海"。

☞ **2007年辽宁文科状元刘乐**

高三的这一年是以勤奋的学习，孜孜不倦的温故知新才取得今天的成绩。因为选择的是文科，所以需要记忆的知识比较多，所以在每次月考之前，都会好好地把文综这门学科的知识好好的在脑子里过一遍，等到7～8次月考之后该记的就记得差不多了。始终相信勤能补拙，付出的汗水终会取得收获。

☞ **2007年湖南文科状元李燕**

努力是我的习惯，我一直都是属于一个听话的孩子，学习一直都很用功。我的家庭条件也比较一般，所以就更要求自己努力学习，而我的基础一直比较好也因为平时一直都很刻苦。

☞ **2007年北京理科状元林茜**

对我而言，英语学习的难点是写作和口语。以前，我的英文作文用词总是比较生涩。于是，我把《新概念英语2》上的96篇课文全部深入地学习了一遍，直到我把它们都能完整背诵下来。我最大的感觉就是，从此以后我的英语写作能力提高了很多，写作时不会感到语言枯竭，而且写出来的语言也好了很多。

一、把学习当成一种游戏

强烈的学习愿望不是瞬间萌发的，所以不必强求自己在一夜之间就对曾经厌恶的学科产生浓厚的兴趣，学生要接受自己看似缓慢而没有进展的兴趣并对之进行培养，要想方设法地寻找和制造兴趣。而培养兴趣的过程本身应该被理解为是非常快乐的。想到以后学习将要成为自己享受生活所离不开的一部分，而不再是每天愁眉苦脸的根源，那么心中的快乐一定是不言而喻的。

学生必须要明白一点的是，上学不是在帮助老师和家长完成他们的任务，上学是自己现在的事业。学生都喜欢憧憬自己以后的成就，但是对眼下的事业却在三心二意。我们知道，机遇只偏爱有准备的头脑。所以，学生如果对自己的未来有所期待，就需要现在踏踏实实的积累和准备。鼓励自己让自己进步，善待学习。如果觉得听课已经超出了自己所能接受的范围，那么，一定不可以气馁，要想办法把它解决掉，或者去找老师补课，或者是去请教同学。所以，一个学生如果立志要成大事，那么就必须要具备这种迎难而上的素质。

经常问一问自己，今天在学校用心了吗？用心体现在你的学习上，预习、听课、做笔记、复习、做练习，各科都要一丝不苟；用心还体现在和同学的交往上，学校是你学习知识、增加积累的地方，也是你结识终身受益朋友的地方。

二、踏破铁鞋才有得"觅"

学习是一件苦差事，它贵在持之以恒，始终如一。一个学生，如果想在学习上有所突破，那么他就必须要在目的或是计划确定之后，满腔热情、信心百倍、坚持不懈，有不达目的誓不罢休的气概。只是懂得道理和有良好的愿望是远远不够的，还必须要在学习过程中进行艰苦的意志磨炼。科普作家高士其说："知识犹如人体的血液一样宝贵，我的病不能降低学习的要求。"虽然瘫痪，但是为了工作，他在四十几岁的时候，又开始学习第四种外语，并在极端艰难的情况下写出了100多万字的作品，为人类做出了非常重大的贡献。"冰冻三尺，非一日之寒"。作为学生，必须要学会控制和支配自己的行为，能够迫使自己排除干扰坚决执行决定。我们经常会看到有些学习比较好的同学，他们为了按时完成作业，即使旁边有人说说笑笑，但也能旁若无人地集中精力学习，充分表现出高度的自制力。所以，大家应学会控制自己的行为，只有这样，才能使学习坚持到底，学习成绩才能提高。

持之以恒的治学态度，是我们中华民族的传统美德之一。如果没有这种持之以恒的品质，那么学业就难有成效；而一旦有了这种精神，学业自然而然地就水到渠成。我国古代脍炙人口的治学故事"铁杵磨针"就说明了这一点，"只要功夫深，铁杵磨成针。"千余年来，这也成了历代无数学子的座右铭。李白之所以最终能够成为独领风骚的大诗人，就在于他能够坚持天天读书、学习、实践。

"恒"是一种优秀的品质，很多成大事的人之所以能够成功，在绝大部分上都归功于他们都具有坚持到底、持之以恒的精神。持之以恒即是人们在面对困难时坚持完成任务、实现目标的一种能力，是一种永不放弃的精神，而培养永不放弃的品质可以让我们能够勇敢地面对挑战、迈向成功。

同时起步，有的人成功了，有的人却失败了，而导致这种成功与失败之间最关键的差别，往往就在于一个人是否拥有永不放弃的恒心。智者常说："成功者与失败者的差别，就在于能否再坚持5分钟。"俗话说"水滴石穿""一口吃不成胖子"，因此，我们每个同学都要给自己制订一个学习计划，常常监督自己，严格要求自己，每天可以分阶段地进行检查，看自己是否完成了学习计划，为什么没有完成，怎样补救等等。总之，学习不能只凭一时热情，如果三天打鱼，两天晒网，那是绝对不可能取得良好成绩的。

三、天才在于勤奋，学习在于积累

"天才在于勤奋，学习在于积累。"学习的过程不可能是一蹴而就的。如果仅凭考前的一段时间去"抱佛脚"，往往是不可能真正成功的。成功的等式在于"99%的汗水+1%的天才"，要记住：天道酬勤。

世界上，有很多科学家直到生命的最后一刻还在勤奋地工作着。76岁的爱因斯坦在病危时，仍戴着老花镜想做完一篇计算，但是笔尖还未触到胸前的稿纸上，钢笔就从手中永远地滑落了。威廉赫姆·奥斯特瓦德在临终前惋惜地说："有很多论文还没有完成。"

学习是一件苦差事，这是每个人都承认的事情。但在一个需要我们终身学习、竞争激烈的社会里，一个人如果懒于学习，那又怎么能够立足呢？学习，从小的方面来讲，影响一个人的个人生存方式和生活质量；如果从大的方面说，能体现自己对社会的贡献和价值。

只要敢于承认自己落后甚至是愚笨的事实，就是前进的动力；不停留在正视现实这个初级认识水平上，不自暴自弃，将思想付诸行动，就会有进步的可能。

1. 勤问

在平时的学习中，一定会有许多疑问存在，而对待这些问题不外乎有两种态度：一是逃避，以求一时轻松；二是正确面对，解决它们。可真正能做到后者的却寥寥无几。在上自习的时候，老师总会出现在教室里为同学们解决问题，但请教的却没有几个，这些同学真的没有问题可问吗？不是的，他们是不敢问，怕老师责怪没有认真听课，或是怕其他同学嘲笑自己。这种思想导致将问题压后，直到"荡然无存"。然而不会终归是不会，等到试卷中出现时就知道问题的严重性了。所以，在遇到疑问的时候，一定要及时问同学、问老师，虚心向他人请教，真正做到敢疑、敢问、勤问、勤学。只有这样，才能从根本上解决问题，不断提高自己。

2. 勤思

在学习过程中不要存在依赖心理，等着在同学或者从老师那儿"吃现成"的。我们只能说轻而易举地获取了"廉价的成功"是经不住时间考验的，时间长了就会使自己的学习与别人拉开距离。所以，平时要多问几个"为什么"。人的大脑就像是一台机器，如果总是不去使用它，就会"生锈"。所以不用担心你的脑细胞不够用，大脑只会越用越灵活，越用越开窍，多用脑将会使你变得聪明起来。

3. 勤练

在平时的学习中，要多用练习和实践来检验知识掌握的程度，从而发现自己在学习中存在的漏洞，并且及时加以弥补。老师布置的练习一定要按时完成，这些练习很具代表性。除此之外，如果还有时间，自己还要勤于找练习来做。"一分耕耘，一分收获。"但这分"耕耘"并不意味着不需要借助他人的帮助。当遇到经过自己深思熟虑，并动手操作后仍解决不了的问题的时候，可以多向老师、家长、同学请教和讨论。还要记得要善于劳逸结合，有计划地休息和娱乐会给自己的学习带来更多的快乐。

总而言之，学习是一个十分艰苦而又十分漫长的脑力劳动过程，如果缺乏持之以恒或者坚忍不拔的毅力，是难以取得学业成就的。只有当一个人具备了持之以恒、孜孜以求的治学态度时，他的学业才会有长足的进步。

四、要循序渐进，一口吃不成大胖子

我们知道，举重者在练习举重之初，通常是先从他们举得动的重量开始，经过一段时间以后，才慢慢地增加重量。优良的拳击经理人，都是为他的拳师先安排较易对付的对手而后逐渐地使他和较强的对手交锋。同样，我们也可以把这一原则应用到每一个地方，这个原则就是先从一个易于成功的"对象"开始，逐渐推展到较为困难的工作。巴甫洛夫临终时，有人要他指导学生如何成功，他说："热诚和循序渐进。"所以说，为了取得良好的效果，同学们在学习中一定要坚持"循序渐进"的原则，即按照科学知识的体系和学习者的智能条件，有系统、有步骤地进行。

宋代著名教育家朱熹说："读书之法，在循序而渐进，熟读而深思""未得于前，则不敢求其后，未通乎此，则不敢忘乎后""循序而有常"。他除了反对杂乱无章，企图一步登天的做法，也反对贪图"捷径"，不求甚解的学风。许多古代学者大都有此看法。《学记》在涉及学制部分时，规定了一至九年每一段的逐步的具体要求。荀子说："骐骥一跃，不能十步；驽马十驾，功在不舍。锲而舍之，朽木不折；锲而不舍，金石可镂。"

循序渐进的规律，指的就是求知要由易到难、由近及远、由此及彼、由表及里、由低级到高级、由简单到复杂、由少到多、由具体到抽象，从而逐步地"渐渐向里寻到那精英处"，即到达理想的胜境。

我们强调学习之所以要循序渐进，除了这是前人无数经验之总结外，还因为这是事物本身的特性所决定的，即事物都有它的严密的内在逻辑关系。学生只有逐步地去进行学习，一步一个脚印，知识才能真正学到手。这表明，循序渐进本身并不是主观随意提出来的，而是由规律性所决定的。

依照循序渐进的原则，同学们在学习中要量力而行，逐渐积累。科学内容有其系统，青少年本身的身心发展，也有其过程。所以，学生在学习的时候，要考虑自己的接受能力，不可以求之过急，贪多嚼不烂，要注意学习的阶段性。在一定时候学一定的内容，不能错过学习良机，也不能勉强"超前"，脱离智力发展的可能性。只有这样，才能摆脱"欲速则不达"的弊病，逐渐而牢固地将一点一滴积累成知识的长河。而且必须要强调的是，打好扎实基础也是不能忽视的，不可以好高骛远。这正如古人所说："九层之台，起于累土；千里之行，始于足下。"

循序渐进看起来进步好像不显著，成果不明显，然而，由于这种进步是一步一个脚印的进步，因此，最后的结果必然是高效、省时。意大利著名画家达·芬奇从画蛋开始，循序渐进，逐步提高了观察对象、表现事物的能力，从而练就了高超的绘画本领，终于成为文艺复兴时期的文化巨人。所以，为了奠定发展的良好基础，同学们一定要养成循序渐进的良好习惯。

五、掌握方法，让疲劳知难而退

学习疲劳是指由于学生长时间地从事学习活动而引起的兴趣下降、动机减弱、身心不适等现象。心理学家认为，在连续进行紧张学习一段时间以后，很多学生会出现学习疲劳的情况，疲劳现象的出现是人大脑的自我保护反应，它是向人体发出的需要休息的信号。如果不能及时休息，那么疲劳的程度就会由弱到强逐渐发展。最开始具体表现为学习精力不集中、听课走神、记忆力差和学习效率明显下降；继而会出现呵欠连天、打瞌睡、学习错误率增高、反应迟钝、学习速度明显减慢；如果还没有进行调整就可能出现心理功能下降，思维停滞，精神萎靡，出现头昏、头痛、嗜睡、失眠、食欲减退等症状。

学习疲劳是持续过度学习或学习方法不当而在生理和心理方面产生的倦怠，会直接导致学习效率的下降。学习疲劳大致可以分为学习生理疲劳和学习心理疲劳两大类。但二者密切联系，很难区分开来。学习生理疲劳与大脑皮层的内抑制有关，是因为长期学习导致大脑皮层细胞强烈兴奋，消耗大量能量，致使兴奋性降低而转入抑制状态，从而导致学习疲劳。学习生理疲劳的表现主要有：视力减弱、面色苍白、食欲不振、血压升高、大脑供血不足、失眠等。

学习心理疲劳一般不像身体疲劳发生得那样迅速，所以一个人如果有了强烈的学习动机和积极的学习态度，那么就能够较长时间持续学习而不感到十分疲劳。但是，集中精力持续学习时过长，就会产生疲劳，使学习的质量和效率下降。许多研究指出，需要紧张的注意、积极的思维和记忆的学习活动，都容易使人发生疲劳。不愉快的作业比愉快的作业更容易使人产生疲劳，学习内容的单调也会引起心理的疲劳。另外，在异常的气温、湿度、缺氧、噪音、光线不良等外界环境条件下学习，也容易使人产生疲劳。而疲劳的引起也存在个别差异，由于一个人的生理和心理的特点不同，如身体的健康状况、能力、兴趣、气质、习惯的不同，都能影响疲劳的发生。

学习疲劳是可以预防和克服的。那么如何预防和克服学习疲劳呢？

1. 确保劳逸结合

休息是消除疲劳的重要措施。学生在课间应采用活动性休息，下课之后就要走出教室，离开学习环境，放松一下紧张的心情。不要在休息的时候也趴在桌子上背单词、做作业。持续"奋战"只会影响下节课的学习。俗话说得好："磨刀不误砍柴工。"只有在课间十分钟好好休息，那么下节课才能更好地"砍柴"。

2. 积极运动

每天最好要保证有15分钟到30分钟较大强度的正式运动时间，每节课后都要离开位子，活动一下身体，最好在晚自习、第二节下课时间做一次课间操。

3. 要科学休息

不管休息时间多长，即使是只有 5 分钟，也要离开书桌，采取积极方式，参加适度的体育活动，如快步走、深呼吸、做几节体操、扩胸运动等，或者听一支曲子、或者唱两首歌、朗诵一首诗歌等。总之，让大脑休息，全身放松，多吸氧气。

4. 科学安排学习时间

研究表明，学生在一天或者在一周内的不同时间里的学习效率和疲劳情况是有差异的。比如上午的第二、三节课为效率最高时期，而第四节课为疲劳显著时期；一周中的周二、周三、周四为最佳学习日，而周一和周五是思想容易涣散、情绪波动的时期。因此，学生要注意各科学习时间的排列和搭配，做到抽象性为主的学科和形象性为主的学科交替、内容多的与内容少的学科交替、脑力活动与体力活动交替，从而使神经活动得到调节，减轻大脑的疲劳程度。

第十一章　不断充实自己的大脑

读书，或者叫学习，是我们掌握知识的法宝之一。通过读书，我们可以了解许多未知的世界，可以说，读书为我们打开了眺望世界的那扇窗。人非生而知之，都是通过后天的实践和读书学习获得知识的。直接经验与间接经验相比较而言，后者占的比重更大。17世纪的丹麦医学家巴兹林曾经说过："假如世界上没有书的话，就没有神、没有正义、没有自然科学、没有完美的哲学、没有文学……而且，世界上的一切，都仿佛在黑暗之中。"通过读书，我们能使自己在短暂的人生中，学习那些超出自己所能体验的几个世纪之前的智慧。正所谓"站在巨人的肩膀上，我们可以看得更远。"

一本好书，通常是作者多年或一生智慧的结晶，我们仅仅用短短的几小时或几天的时间来换取这些智慧，真是一件非常幸运的事。爱迪生说："书籍是天才留给人类的遗产，世代相传，更是给予那些尚未出世的人的礼物。"所以我们更应该提高读书的自觉性。

成龙成凤"成"在家教

尖子生如是说：

☞ 2013 年广西高考文科状元刘嘉琪

和大部分学生一样，也非常喜欢读书，只要一提到"阅读"就忘记了一切。涉猎的书籍很多，不仅有课堂延伸读物，还会"背"着父母去买一些课外书籍阅读，甚至会去追着看电视剧和明星。

☞ 2013 年江西文科状元许长发

自己除了上课时间在做"正事"，即消化课堂知识和做课内作业，课外时间大多用来看课外书，小说、人物传记等方面的书籍都令他爱不释手。

☞ 2011 年泉州市理科投档第一名黄宇健

通读中国史，我很小的时候爸爸就带着我到各个图书馆里借书看，小学时的就把中国历史从头通读到尾，到了中学兴趣逐渐转向了中外名著上面，书架上买来的很多书都被翻得卷起了角。

一、想要学习好，就要会阅读

每个人都希望自己拥有渊博的知识，但知识是怎么获得的呢？获得知识的途径主要有两条：一是通过亲身实践，获得大量的感性知识，然后通过思考，上升为理性知识；二是直接把人类在长期实践中积累起来的知识继承过来，把社会的知识转化为个人自己的知识，而第二种途径则是个人知识的主要来源。

高尔基说："读书有时会使人突然明白生活的意义，使他找到自己在生活中的位置。"梁实秋说："读好书是充实知识的方法，也是调剂心情的良方。以一般人而言，最简便的修养方法是读书。"古人说："开卷有益。"这些话都是强调读书的重要性，鼓励人们努力读书。有一句流传很久的民间俗语是这样说的："秀才不出门，便知天下事。"那么"秀才"何至于有如此大的能耐呢？其中原因既不像传奇人物诸葛亮那样占星卜卦，也不在其闭门苦思冥想，而在于读书、在于大量地进行阅读。通过博览群书，从而知古今、明事理、炼心智，造就犀利的眼光、敏锐的思维、开阔的心胸。

阅读是一切学习的基础，在学习的过程当中，如果能养成阅读的习惯，那么语文领域的学习就可以得心应手，而其他领域知识的学习也已经成功了一半。因为我们可以通过阅读获得知识，提高学习兴趣，还有助于开发我们的多元智慧。

有人把书籍比作是知识的宝库，因为那是历代祖先和当代有识之士心血的结

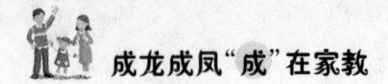

晶。而在继承知识的各条途径中，阅读可以说是一条最主要的途径。人类的知识主要是以书籍的形式贮存着，这样，书籍就自然而然地成为了我们获取知识的主要来源。我们每个人都可以通过阅读从书籍中去汲取营养，来充实自己的大脑。

广义上的"读书"，不光是指读纸质的书，也可以读"电子书""网络书""音像书"。总之，可供学习的一切"书"，都可以读。古人讲：开卷有益。读专业书，有益于自己的工作；读优秀人的书，可以培养自己高尚的情怀；读杂书，则可以开阔自己的视野。英国哲学家培根说："读史使人明智，读诗使人灵秀，数学使人严谨，物理学使人深刻，伦理学使人庄严，逻辑学、修辞学使人善辩。凡有所学，皆成性格。"这段话非常精确地说出了读书对于人的修养是有极大好处的。

有人或许会说："我也想读书，可实在是没有时间。"其实每个人的时间都是均等的，关键是看我们怎么利用。鲁迅说："我是把别人用来喝咖啡的时间，用在读书写作上了。"雷锋说："时间就像海绵里的水，你只要挤就会有的。"宋代大文学家欧阳修说他读书是在"三上"——马上、枕上、厕上。

二、让读书成为一种兴趣

我们知道，培养读书兴趣并不是一朝一夕的事情。读书兴趣的培养需要一个过程，这个过程一般需要经过三个阶段；一是直观兴趣阶段；二是自觉兴趣阶段，三是潜在兴趣阶段。

一个人，想要培养读书兴趣，首先要经过"知之"阶段，也就是说，要经过培养直观兴趣的阶段。而直观兴趣阶段对于那些有读书兴趣的人，几乎是不存在问题的。但是，对于那些没有或者缺乏读书兴趣的人来说，则需要充分认识培养读书兴趣的重要性。在现在这个飞速发展的时代，知识就是力量，不积累知识，就会在工作中不断碰壁，一个人只有通过读书才能获得前人学以致用的经验。所以，需要结合个人爱好，读那些有益的书，吸取书中的知识，尝到"开卷有益"的甜头，从而产生浓厚的读书兴趣，养成读书的习惯，并且要坚持下去。这样在经过一段时间以后，就能够成为一个"知之者"，完成读书直观兴趣阶段的培养。

然而，由于直观兴趣存在不稳定性，它易起易落，如果不及时进行鼓励，不继续坚持，就很可能会来如烟、去如风。所以，想要培养读书兴趣，还应该做一个"好之者"，把读书的兴趣由直观兴趣阶段向自觉兴趣阶段过渡和发展。由直观兴趣向自觉兴趣过渡，需要一个过程，因为自觉兴趣是爱好和志向的结合体。自觉的读书兴趣，是一种有明确目的的兴趣，它除了是伴随着感性的读书爱好，还包括了在感情支配下的记忆与联想，由求知向思维推进。在这个时候的读书兴趣，就具有了自觉性、主动性。

举一个例子，一个对技术非常感兴趣的人，在得到一部与之相关的技术书的时候，必然会一睹为快。带着亟待解决的问题，在产生浓烈兴趣的同时，他会分析书中的理论是否成立，数据是否准确，在实际中是否可行，并且，积极地、自觉地向更深的层次开掘。我们可以想象，当一个人读书的兴趣达到了孜孜以求的"好之者"阶段，并进入了自觉兴趣的境界的时候，那么他肯定不会再对书产生厌倦的情绪。

进入读书兴趣"好之者"阶段的人，一般都会有自觉读书的兴趣，从而进入了比较稳定的阶段。但是，如果把"好之者"和"乐之者"相比较而言，它们之间又会存在很远的差距。作为一个"好之者"，他只是对读书有了热情，对读书只是有了钻研精神和自觉自愿的兴趣。而作为"乐之者"，却是在经过一段探索之后，有了比较深刻的体会和收获，他是把读书当成是自己生活中的一部分。一拿起书，如醉如痴，这样就达到了读书兴趣的最高阶段——潜在兴趣阶段。那些步入了潜在兴趣境界的"乐之者"，他们并不仅仅是爱好读书，也并不仅仅是自觉地驱驰，而是在爱好读书与自觉的基础之上产生了坚强的意志和追求的快乐。当一个人读书的兴趣达到"痴心"的程度时，那么，他就不会感到读书是一种苦役和负担，而是会把读书当成是一种享受。一个人如果养成了潜在的读书兴趣，就会像饥饿的人吃饭那样读书。

对于每个人而言，想要把书读好，想要养成读书的习惯，那么就必须要经过知之者，好之者，乐之者三个阶段。只要完成了这三个阶段，那么兴趣就会"附在"自己身上，并且携手在进取中前进。在现实生活当中，有一些人，他们读书未入门路，还没有体会到读书的兴趣，在读书的时候，装腔作势，或是嫌凳子太硬，或是嫌光线不好。读不好书的人，他们总是有种种理由，比如春天不是读书的日子、夏天太热容易使人犯困、秋天时冬又将至，不如待明年。其实读书是一项四季皆宜的活动。对于学生而言，一定要养成热爱读书的好习惯，这样才能使自己获取更多的知识，充实自己的大脑，做一个全面发展的人。

三、条条道路通罗马

对于不同的人来说,都有自己不同的读书方法,而怎样读书最有效,这就完全取决于个人爱好。正所谓"条条道路通罗马",读书方法很多,关键是要找到适合自己的一种,我们说会读书的人才是会学习的人。

1. 程序读书法

即按较优的次序读。作者－书名－内容提要－目录－序言－结语。

2. 循序读书法

即由简至繁,由浅入深读书。古人云:"运用之妙,存乎一心。"朱熹说:"循序而渐进,熟读而精思。"道理也就在于此。

3. 对比读书法

任何文献都不是彼此孤立的,他们之间有一定的联系。通过比较阅读,就知异同、见优劣。车尔尼雪夫斯基说过:"任何东西,凡是我们拿来和别的东西比较时,显得高出许多的,便是伟大。"

曾写过《魏书》的夏侯谌听人称赞陈寿写的《三国志》,所以找来仔细读了再三,认为《三国志》确比自己的《魏书》好,当即烧掉了自己的书稿。用对比读书法,可以开阔视野,有助于鉴别、验证和判断书的真伪、优劣和好坏,提高理解、接受和运用的能力,东晋女诗人谢道韫有一个雅号"咏絮才"便是对

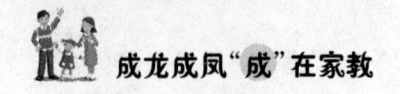

比定优劣的一个例子。

4. 层次读书法

层次读书法就是指有重点、逐步由浅入深地读书。书的内容往往不能一次性读懂，这时就需要层次，一般可分为浏览、通读、精读、评读、重读多层。当然，这仅限于经典著作或科技书中。

5. 质疑读书法

"尽信书，则不如无书。"读书贵在疑，小疑则小进，大疑则大进。可疑之外无时不介，可疑之书，层出不穷，屈原《无问》，王充《论衡》都是质疑的精华。

6. 溯源读书法

所谓溯源读书法，就是指明确知识的来龙去脉，对其产生、发展的过程把握透彻。"问渠哪得清如许，为有源头活水来。"用在读书方法上，就是指要善于溯源读书，搞清楚来源和流向，从而真正把书读懂、读活、读透。

7. 逆向读书法

在读书的过程当中，要善于调整或改变思维方向、角度追求新知。逆向读书法可以开拓思路，把知识读活。比如欧氏几何认为，过直线外一点可以而且只能作一直线与之平行。但年轻的罗巴切夫斯基却向相反的方向去构思，如何可作不只一条平行呢？因此产生了"非欧几何"。

8. 渗透读书法

所谓渗透读书法，就是指在潜心钻研某一问题的时候，要读一些相关学科的书刊，从不同角度，不同侧面，以不同见解和方法来进行思考，以开阔视野、活跃思维、博采众家之长，从而提高学习效率，并有所创新，有所发现。

9. 推测读书法

推测读书法即在阅读关键处或者疑难处，掩卷而思，或沿着作者的思维轨迹追踪探索。牛顿说："没大胆的猜测，就做不出伟大的发现。"即使推测没有新发现，但也可消除大脑疲劳，使精神振奋，提高读书效益。

10. 个性读书法

所谓个性读书法，就是扬长避短，发挥优势的读书之法。人的性格、背景、基础、气质、潜力、才干等多不相同。一个人如果能正确认识自己、发现自己、塑造自己，最大限度地发挥优势和特长，那么就一定能够高效地读书，并获得应有的成功。

此外，还有"破一卷"读书法、"鲸吞牛食"法（速度和精度的结合）、"人而孚敌"法（苏东坡提出的精读法，即每次只钻研一个侧面，直至最后掌握全书精髓）、"三诵"读书法（朗诵、默诵、背诵）、"结构读书法"（先掌握基本概念，基本理论和基本方法，以及结构体系）等。

四、寻寻觅觅"觅真知"

爱读书的习惯对于一个人的发展的影响是毋庸置疑的，但是，需要注意的是，在读书的时候，一定要注意选择。哪些是好书？哪些知识是真正对自己有益的？哪些知识是自己必须要掌握的？一个人，对于知识的追求，是没有止境的。我们要做的就是，在没有止境的追求知识的过程当中，要懂得"觅真知"，从而丰富自己的大脑。

成龙成凤"成"在家教

1. 读书要有选择

俄国作家屠格涅夫说:"不要读信手拈来的书,而要严格加以挑选,要培养自己的趣味和思维。"同时,另一位俄国文学批评家别林斯基说:"我们必须学会这样的本领:选择最有价值、最适合自己所需的读物。"读书一定要有选择性,这不仅是因为书籍很多,我们的时间和精力有限,更重要的是书籍中良莠不齐。如果我们不加选择地读书,很可能读了一堆"垃圾书",不但浪费精力,还使自己思维混乱,或者趣味变得低下。学生平时在图书的选择上,可以多听听父母、师长和名家的推荐意见。在美国,就有为中学生规定的20多部必读书目,其中包含文学、哲学、自然科学,还包括《共产党宣言》。中国教育部门也为中学生规定了一批必读书,其中包括中国和外国的古典名著。这些书,对于很多成年人,也是值得一读的。

2. 读书的面不要过窄

读书的目的有很多,有的人是为了学习实用知识,有的人读书是为了消遣,也有的人是为了充实自己的人生。从读书的最佳目的讲,我们应该在消遣和实用之外,更加注重对自身人生的充实。如果这样读书,就能够使我们的视野和心胸都得以开阔,从而更有助于人格的完善。然而,读书也不要只读自己偏爱的某一位作家的书。鲁迅说:"只看一个人的著作,结果是不大好的,你就得不到多方面的优点。必须如蜜蜂一样,采过许多花,这才能酿出蜜来,倘若叮在一处,所得就非常有限、枯燥了。"

3. 读书要消化

我们读书的目的是为了获得知识,而并非是图"眼饱"。这就如同我们吃了许多食物,胃部却没有消化吸收,结果只会对身体有害。俄国教育家乌申斯基说:"书籍不仅对那些不会读书的人是哑口无言的,就是对那些机械地读完了书而不会从死字母中吸取思想的人,也是哑口无言的。"徐特立说:"我读书的方法总是以定量、有恒为主，不切实际的贪多，既不能理解又不能记忆。要理解，必须记忆基本的东西，必须经常、量力才成。"

4. 精读与泛读

对于图书品类繁多但我们却时间和精力都非常有限的问题，聪明的人都会采取精读和泛读相结合的办法。就是对于好书，我们要仔细阅读；而对于那些只需要大致了解的书则粗略一些。鲁迅一生读书很多，除了许多书他是精读外，对其余的书则采取"随便翻翻"的办法。陶渊明喜欢读书读书，他的方法就是对已知的内容或者是不重要的内容"不求甚解"，而对于那些重要的内容或者是有新意的内容则"每有会意，欣然忘食"。然而泛读也绝不是不动脑子的机械读书，而是要特别注意其中的精华。只要有所发现，这些比较经典的部分就会成为精读的内容。而这种读书方法需要一个锻炼的过程，一般读书经验少的人还是应该以精读为主，宁可初期读得慢一些，也不要"一目十行"地囫囵吞枣。

热爱读书吧，读书能使你成为一个知识渊博的人。

五、要质量，也要速度

快速阅读要求阅读者在阅读的过程当中能使自己的精力高度集中起来，确保有活跃的思维，以便从大量的语言文字中筛选出最具有价值的东西。我们要学会快速阅读的方法，正如前苏联的霍姆林斯基所说："凡是没有学会流利地、有理解地阅读的人，是不可能顺利地掌握知识的。所谓流利地、有理解地阅读，就是一下子能用眼睛和思想把握住句子的一部分或整个较强的句子，然后使眼光离开书本，念出所记住的东西，并在同时进行思考——不仅思考眼前所读的东西，而且思考与所读材料有联系的某些画面、形象、表象、事实和现象。"而他所说的流利地阅读与快速阅读都注重阅读的速度和效率，这也与现代社会对阅读者提出的要求相符。提高快速阅读技巧的训练方法主要有以下三种：

1. 计时阅读法

这是一种计时或限时的阅读方法，以增强时间观念和效率观念，从而达到提高阅读速度的训练方法。在阅读现代文的时候，精心地设计好训练内容、阅读目的，在限制的时间内阅读，注意速度，争取不回视，并且争取记忆和理解最多的内容。读完后，不看原文，笔答已经预先设计的速读测试题，最后按参考答案和评分标准评定答题成绩。在一般情况下，只要目标明确，选用的检测材料较合理，如果通过计时法阅读训练，那么速度和能力就会有明显的提高。

2. 固定程序阅读

程序就是指阅读的程序，即标题-作者-文章的出处和发表时间-基本内容-文章中的具体事实-写作特点-文章中体现出来的新思想。每次阅读的时候都按照这个程序，专心致志地去寻找这些问题的答案。这样，不但能避开个别的枝节问题，而且能够迅速抓住反映文章主旨的内容，从而达到提高阅读速度和效率的目的。在训练时应该注意的另外两个问题：一是进行固定程序阅读时不应有程序要点的遗漏；二是程序要点要有侧重。文章是信息的载体，所以在阅读文章的时候，往往不需要百分之百地吸收它负载的信息，而需要根据阅读目的，迅速而准确地筛选出自己所需要的信息。在训练快速阅读的过程中，就有必要在阅读时全神贯注，把注意力集中在文章的有关内容上，筛选出所需要的信息。如果在阅读过程中容易被"意外"的发现吸引而忽略甚至忘记了阅读目的，例如被某些精彩的描写吸引、被某个新奇的故事吸引、由某个内容引起了联想等，这样，快速阅读的质量肯定会受到影响。所以，只要有明确的阅读目的、有固定程序的阅读方法，就能逐渐养成强烈的筛选意识，形成较强的筛选能力。

3. 默读

默读即不出声地读。在默读的时候，只需要凭借字的整体形象加以辨认，无须对字的一笔一画都分辨清楚，凭借语感和经验把握词语的意思。对待句子和段落也是一样，只要其中关键的词语和句子映入大脑，就能凭借语感和经验把握它们的整体意思。与声情并茂的朗读相比，默读就像是"扫描"，讲究的是整体感悟，其速度可以提高一倍以上。养成默读习惯，无疑是进行速读的首要条件。默读也被称为"视读"，因为在默读的时候要提高速度，就必须要扩大视野（即视读广角），一眼看去能多看几个字。较熟练的默读一眼就能看四五个字甚至七八个字。想要做到这一点，就要以词组为单位进行阅读，熟悉各种句式，以便在看到上句时就能对下句的出现有预感。

当然，有些人读书就是为了欣赏，为了在一遍遍慢慢阅读中体会那种滋味，他们是故意要读得慢，读快了反而就没有慢读的那种韵味。这就好像有些人喜欢京戏一样，故事已经非常熟悉，台词也全背下来，连曲调也背得烂熟，但还是一遍遍去听，他们不是为了检索什么信息，就是为了体验那种闭着眼听曲儿的乐趣。单纯追求意境的阅读已经与学习性阅读没有什么关系，混在一起谈论就没有多大意思。但是我们也应该承认，确实存在那样一种慢速阅读方式，它也确实能给很多人带来快乐。

六、不碰笔墨不读书

很多人都喜欢在阅读的时候写读书笔记，这是一种很好的阅读习惯。写读书笔记的好处有得多：第一，能够加深对于书籍内容的理解；第二，能够训练思想的周密条理，提高分析问题的能力；第三，能够养成良好的阅读习惯；第四，有助于培养办事认真、扎实的作风，有助于提高文字表达能力。

那么，我们应该怎样写读书笔记呢？

读书笔记的形式有多种多样。由于所读书籍的内容不同，或者是由于自己对所读书籍的疏熟情况不同，读书笔记也需采取与之相适应的形式。下面，简要地介绍几种适合青少年借鉴的一般读书笔记的形式和写法：

1. 写比较详细的内容提要

一般适用于学到较为艰深的书文。写一遍详细的内容提要，其效果要远远超出把这本书重读一遍，而且对于加深理解和记忆有很大的作用。写这种形式的读书笔记，既要总领所读书文的主要内容，又要分列出各方面或各部分的内容，对于某些重点部分可以一字不差地进行抄录。

2. 写自己阅读的体会

理论性的书刊或文艺作品，一般适宜这种形式。这时，就可以写成一篇内容完整的文章，也可以用随感录的形式写出体会；可以就书文的全篇来写，也可以截取其中的一部分来写，但是最好不要大段大段地征引，而应着眼于结合书文的内容，联系自己的思想、学习、活动和周围的实际来写体会。

3. 综合叙述

读了几本涉及同一问题的书文，一般宜采用这种形式。对于这不同的几本（篇）书文，作者们的见解可能会有些不同，甚至针锋相对，或者是见解虽然差不多，但谈问题的角度却不一样，引用的材料也不同。在写综合叙述的时候，要抓住重点，把几本（篇）中见解相同的放在一起叙述。或者也可以就其中一本（篇）为主要叙述对象，通过与其他本（篇）所谈问题的不同角度、不同材料进行对比。对于见解不同的，可以将分歧的地方叙述出来，或者对比列出各人的见解。对于综述见解不同的书文，最好写出自己的看法。

4. 摘录

对于科技书文中关键性的内容、文艺作品中精彩的描绘或者发人深省的警句、理论著作中精辟的论述等，可以在读书笔记中摘录下来。摘录要少而精。也可在摘录之后写一点自己的认识和体会。

5. 补充

读了某些书文，如果觉得内容不完备，就可以在读书笔记中予以补充，使原来的内容臻于充实。但需要注意的是，在补充的时候，必须围绕书文中所论述的内容来阐述、引申、发挥，不要跑题。补充时，宜先概述原文内容，指出其缺陷，再写自己的补充。

6. 挑错

在阅读的过程当中，如果遇到不正确的观点，那么就可以在读书笔记中指出其错误，提出自己的看法。指出错误，要观点鲜明、击中要害，做到以理服人。

7. 质疑录

如果在阅读的时候，发现自己有不明白的地方，可在读书笔记中记下来，以

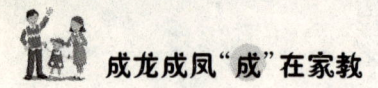

备日后向别人质疑；弄明白了，再把答案写上去。

8. 写评注

在书上画出重要句段，在书上写评注。画重要句段，写评注，都要少而精。画句段要突出重点，写评注要简明扼要，三言两语即可。

第十二章 掌握科学的记忆方法

　　记忆，指的就是自己经历过的事物在头脑中保持和重现的心理过程。有没有记住，关键看能不能再认，能不能回忆和能不能做。人的记忆潜力非常的大，科学家经过研究得出：藏书2000万册的美国国会图书馆，是世界上最大的图书馆之一，而人的大脑的信息储存量可以容下三四个这样的图书馆。

　　对于学生来说，如果想要提高自己的学习成绩，那么提高自己的记忆力是关键。记忆力好，学习成绩自然就高，尖子生也不例外，记忆力好是他们的长项之一。而想要增强自己的记忆力，则需要掌握科学的方法。

尖子生如是说：

☞ **清华大学物理系关智玲**

从来没有练过拳击的人，不可能突然成为一个好拳手；从来没有跳过舞的人，不可能成为优秀的舞蹈家；从来没有演奏过乐器的人，不可能突然成为一个出色的音乐家；从来没有摸过打字机的人，不可能突然成为一个娴熟的打字员。同样，从来没有进行过记忆训练的人，不可能突然具有超强的记忆力。总之，任何一种能力的培养，都要掌握一定的方法，逐步掌握规律和摸到窍门。人与人之间之所以会有记忆能力的差异，主要是因为他们对记忆方法的掌握程度不同罢了。

☞ **清华大学物理系乌兰**

我们说理解记忆效率高、效果好，但并不是说只要理解了就一定能记住。对于那些理解的东西，要进行多次的重复才能记住。有的人，理解了某个学习内容，就认为自己的学习过程已经结束了，所以也就没有必要要求自己记住他们，因而也不再反复记忆、加深印象。这样的话，是不可能把所学习的内容完全、准确的记住。

☞ **北京大学历史系雷红波**

编学习口诀是增强记忆的一种行之有效的方法，如果我们在学习功课的时候，能够自己编写学习口诀来帮助记忆，就能很快的提高自己的学习效率。编学习口诀就是把与本身联系甚少的知识材料，根据它的要点，采取各种方法，编成易于自己记忆的口诀。这些口诀一般要求语言精练，句式整齐，化繁为简，变凌乱为有序。口诀的语言一般要做到语言和谐、节奏鲜明、易懂易记、顿挫有致。

一、了解记忆"Family"

当人的眼、耳等感觉器官接受到刺激时，身体会做出相对的反应，而这个记录会残留在脑海里，以便下次接受到同样的刺激时，能更自觉地采取必要的行动。这样储存起来的学习和经验就是记忆。在记忆这个"Family"即大家庭中，按照不同的分类，它可以被分为很多种，接下来，就让我们来了解一下这个记忆"Family"中的成员。

记忆按其过程可以分为三个阶段：识记阶段、保持阶段、再现或回忆阶段。识记是指对外部的信息进行识别，并把这些信息输入到大脑里去；保持是指把输入大脑里的信息加以保存，即将识记过的材料储存起来以备后用；再现就是恢复知识经验的过程，是指在需要用这些信息的时候能够回忆起来。

根据记忆的不同内容和不同性质，我们可以把记忆分为表象记忆、逻辑记忆、情绪记忆和动作记忆。

表象记忆，就是形象记忆，是指以感知过去的事物的形象为记忆内容的记忆。它可以是视觉的、听觉的、触觉的、嗅觉的或者味觉的。

逻辑记忆又称词语记忆，是以概念、推理、判断等形式为内容的记忆。这种记忆所记得内容不是事物的具体形象，而是用词语形式标明的客观事物的本质和意义。如数理化的各种公式定律，公理定理等。

情绪记忆是指以体验过的情感或情绪为内容的记忆。它的产生是因为某一情境与某种情绪之间的联系，于是以后一遇到类似的情况，这样的情绪就会相应产生。

动作记忆是指以做过的运动或动作性行为为内容的记忆。写字绘画、打球练拳、跳水游泳，诸如此类，都是靠动作记忆的。

根据记忆时间的长短，记忆还可以分为瞬时记忆、短时记忆和长时记忆。

瞬时记忆又称感觉记忆，是人们通过感观获取某些信息后在神经系统中保留下来，它具有鲜明的形象性。这种记忆往往是人们难以意识到的，它在脑子里只停留1~2秒钟左右。它的内容一旦受到特别注意，就转化为短时记忆，如果没有受到注意，就会很快消失。

短时记忆是指在脑海里停留一分钟左右的记忆。这在日常生活中是经常碰到的，比如报务员抄报，一边听"滴滴答答"的电码声音，一边在脑子里翻译成阿拉伯数字或拉丁文字母抄写下来，等电报全部抄下来后，电文的内容也忘记了。这种记忆就是短时记忆。

长时记忆是指保持时间相对较长，从10分钟以上至数十年的记忆。它是指对同一内容的不断反复记忆，从而把记忆的时间延长到一定程度，长时记忆是识记材料通过大脑进行短时记忆，然后再反复记忆把短时记忆升华到长时记忆。

二、把遗忘打入"冷宫"

遗忘是学习的"大敌",如果没有记忆,那么就没有知识的积累,尤其是在中、高考时,也许就是那一时的遗忘而酿成了终身的遗憾。所以,同学们需要学会记忆,克服遗忘,把遗忘打入"冷宫"。人的记忆力就像是人体上的肌肉,越锻炼就越发达。而记忆也存在技巧,掌握了记忆技巧,记忆的效率就可显著提高,所以,同学们要特别注意记忆力的自我培养。根据心理研究和经验总结,可以归纳为以下几点:

1. 及时复习

因为遗忘的规律是先快后慢,识记后第一天遗忘率达到高峰。所以,课上学习的内容必须于当天抓紧时间复习,这样可以避免学习后发生的迅速遗忘。特别是外语,最好要当天复习,效果更佳。

2. 提纲记忆

中、高考的考纲是最关键的学习材料。学生可以通过对考纲的分析和思考列出子提纲,然后再根据子提纲来逐层记忆,从而带动记忆整个学科的考试内容,这样把学科内容连贯起来,也就更容易记忆。

3. 理解记忆

一般情况下,人们对理解了的事物印象比较深刻,所以,不管是文科的内

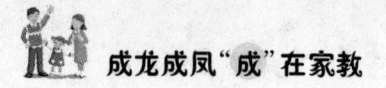

容、基本理论，还是理科的公式、定理，都需要深刻地理解，而在此基础上记忆要比死记硬背的效果好得多。

4. 比较记忆

把某一学科中不同特点的或者是需要背诵的材料进行分组归类，通过比较，找出相同点和不同点，这样比较容易记忆。

5. 尝试背诵

尝试背诵有两种方法：一种是从头到尾一遍一遍地念，念到全背下来时才算完；另一种是先念几遍，然后不看书试着背诵，背不出来或遗漏的地方再看书纠正，直到全部背下来为止。而经过实验发现，第二种方法（尝试背诵法）比第一种方法好。

6. 综合记忆

在语文学科中有一些比较好的文章，或者是优美的句子需要记牢背熟。有的学生把全文背了一遍又一遍，但常常是把开头和结尾部分记得十分牢固，而中间部分却无论如何都记不住。那是因为记忆受到大脑前摄抑制和后摄抑制的影响。先把课文通读几遍，然后分段背诵，最后再全文背诵，这就是综合记忆。通过综合记忆，学生就可以很好地记住各个部分的内容。

7. 形象记忆

通过利用图表、图解和图示等直观形象，把知识之间的联系和关系表现出来，使人一目了然，容易理解、记忆。

8. 在积极情绪中记忆

情绪对人的记忆效果有着非常重要的影响。研究表明，用催眠术造成被试者两种心情（愉快和不愉快），然后让被试者在这两种心境下去记忆，结果发现愉快心境下的记忆效果更好。

9. 多交朋友

有关研究表明，群居动物比独居动物的记忆力强。也就是说，社会交往有助于人的大脑神经细胞存活，进而能够提高记忆力。所以，在复习时要加强和同学的交流与沟通，这将有助于记忆。

10. 勤动脑筋

有关研究发现，人的大脑使用的程度越高，那么接收的信息就越多；相反，如果不勤动脑，那么接收的信息也就越少。因此，学生在复习阶段就要特别注意勤思考，多问一些为什么，这是培养记忆力最有效的方法。

三、技巧永相伴，记忆永相随

对于学生而言，只有真正记住的、掌握了的内容，才能算是自己的知识。那么怎样才能做到有效记住所学的知识，进而提高自己的学习效率呢？接下来，我们介绍几种提高记忆力的技巧，相信只要掌握了这些技巧，那么记忆也就自然会"永相随"。

1. 提高对记忆内容的兴趣

实践证明，人们对自己感兴趣的内容一般记得就快、就牢，而对于自己不感兴趣的内容总也记不清，就是一时记住了，也会很快忘记。这是因为，对自己感兴趣的内容，大脑皮层就会处于兴奋状态，能使人全神贯注、精力集中，甚至达到废寝忘食的境地，因而这个学习内容就会在脑子里留下深刻的印象。相反，对不感兴趣的学习内容，就会产生一种"苦役"的感觉，大脑皮层会处于抑制状态。所以，同学们要努力提高对记忆内容的兴趣。

2. 在记忆的时候集中注意力

心理学家论证了记忆力与注意力的联系："注意力越集中，记得越牢。"人们常说盲人的记忆力很好，其实是因为他们的眼睛看不到，相对而言分心的事情就少了，所以在集中注意力于听觉和触觉以及对听到、接触到的内容的加工整理方面，记忆力就比正常人相对要强。很多人常抱怨自己记忆力差，很大因素就是因为自己没有用心去记。

3. 在理解的基础上加以记忆

对于记忆力差的学生来说，"记不住"恐怕是个普遍性的问题。而要克服这一弱点，首先必须要从理解入手，在理解的基础上增强记忆力。理解是有效记忆的前提和基础，它比不理解对象的意义而只是单纯的机械记忆效果要显著得多。心理学家萨拉·丁·巴塞得对历史专业学生做的实验结果表明：那些在课堂上把握了历史事实意义的学生比起死记硬背、不求甚解的学生来说，记忆效果要好得多。显然，深刻理解是记忆力提高的催化剂。

4. 明确记忆的目的、任务

无论干什么事情，如果目的、任务明确，积极性就高、效果就好。记忆也是如此，如果老师在讲课前告诉学生，这堂课讲的某些知识课后要提问，或者要进行测验，或者是今后考试的考点，那么学生可能对这些知识记忆的效果就特别好。所以，想要提高记忆效果，就必须在记忆前有明确的记忆目的。

5. 要不断地复习和巩固所学内容

科学家认为记忆可分为短期记忆、中期记忆和长期记忆三种。短期记忆的实质是大脑的即时生理生化反应的重复，而中期和长期的记忆则是大脑细胞内发生了结构改变，从而建立了固定联系。比如说怎么开车就是长期记忆，即使已多年不驾驶了也不会忘记。中期记忆是不牢固的细胞结构改变，只有"曲不离口、拳不离手"地反复加以巩固，才会变成长期记忆。短期记忆是数量最多但又最不牢固的记忆，而一个人每天只将1%的记忆保留下来。

弄明白了记忆需要不断复习才能巩固的道理后，就需要采用适当的方法来加强记忆。课堂上要专心听讲、思考吸收，取得较深的短期记忆；下课后当天复习；过几天当记忆开始淡漠时再巩固一次并加以条理化。"学而时习之，不亦乐乎。"这样以后每隔一两个月复习一次，就可以把短期记忆变成中长期记忆，花较少的时间取得最佳的记忆效果。

6. 寻找适合自己的记忆方法

有些中学生常常抱怨自己的记性不好。其实，除了那些痴呆的人之外，普通人大脑的记忆功能是相差不大的。而记忆之所以有差异，是因为各人对大脑记忆的规律和提高记忆能力的方法掌握多少不同的缘故。正确的记忆方法，不仅能提高记忆能力，防止遗忘，还能训练自己的思维，以思维促进记忆，提高掌握知识的质量。每个人都有自己的特性，在记忆方法上也要根据自己的特点，寻找适合自己的学习方法。

四、想要记忆恒久远，须得抛弃"死读书"

背诵是学习的一项基本功，不仅文科学习需要背诵，理科的学习也或多或少地需要背诵，只不过文科中背诵的任务更多一些。

背诵，其实不是那种"死读书"，对于学生来说，死读书不可取。建立在理解基础之上的背诵，是一种"储蓄式"的积累，就像是蜜蜂为酿蜜采集千千万万朵鲜花一样，虽一时见小、见少，但却会聚沙成塔、水滴石穿。因此，背诵是同学们积累知识、掌握技能的重要方法和手段之一，也是形成并不断增强记忆能力的一种非常可靠的途径。对于语文学习中的背诵来说，通过背诵，学生可以进一步揣摩、品味文章所要表达的思想感情，领会要义、贯通文脉、丰富词汇、开阔思路，从而更好的提高了阅读理解水平和写作运用的能力。想要将一篇课文既快又好地背下来，一定要遵循认知心理学的记忆规律，尤其要注重以下几点。

1. 理解和识记相结合

就一篇文章而言，首先必须要了解它的中心思想和写作特点，记住段落大意和发展线索，记住过渡段落和关键句子，以及段落中的层次、句与句之间的关系。如果脑子里有了这些"信息"，那么在背诵的时候，它们就会帮助学生很好的再现、补充、追忆、连缀课文中的句子和段落。对于学生而言，理解一篇文章往往会出现各种各样的困难，所以，语文老师总要花一定的力气分析讲解课文，帮助大家消化理解。因此，学生在课堂上一定要认真听、记、想，实际上也就是为顺利地背诵课文打好基础，这就是人们所提倡的理解式记忆。

2. 读忆相结合

有关学者在考察了关于识记方法与识记效果的相互关系后认为：读忆结合记忆效果较佳。有一部作品中写到这样一个情节：著名数学家陈景润的邻居发现，每天晚上，陈景润房间里的灯总是亮一阵、熄一阵，再亮一阵，再熄一阵……感到很奇怪。一打听，原来是陈景润在背书，他开灯读一遍，熄灯背一次，开开熄熄，读读背背，交替进行。这样一种学习方法，与陈景润的成功恐怕不无关系。为什么读忆结合效果更好呢？这是因为回忆需要大脑更积极的活动，而且是把注意力集中在未解决的内容上。例如，如果要记住100个词，阅读一遍后，就可能回忆起30个，那么如果通过回忆后再次阅读，注意力就会集中在那些没记下的70个词上。因为是每次阅读后紧接着回忆，所以说难点越来越少，又十分明确，也就利于大脑识记。而单纯的朗读只是在每个词上平均使用力量，但却不利于对学习材料的加工和接收，因此识记慢，保持也差。所以说，学生的学习活动不应只是单纯的对于学习内容的反复阅读，而应该是建立在阅读与回忆相互结合的基础之上。在一开始的时候就试图记住材料，读第一遍后就回忆，回忆不起来再阅读。

有的同学背书，往往喜欢捧着书本摇头晃脑地高声朗读，一读到底。多次下来，力竭声嘶；而有的则喜欢边读边背，边背边想，逐段推进。有心理学家做过实验，结果表明，如果用后一种方法背书，既可以节省背诵时间，又容易记住课文。所以说，要想又好又快地背诵一篇文章，一定要把反复阅读和试图回忆结合起来。这样做主要有三个方面的优点：

其一，边读边背，一步一个脚印，能够及时发现背诵的障碍，有利于全力攻关，这样可以节省时间和精力；

其二，边读边背，逐步推进，每一步任务明确，目标具体，因而易于实现；

其三，边读边背，"根据地"不断扩展，收获的范围逐渐扩大，可以使人的信心越来越足。

学习实践中，很多同学都采用了上述"两个结合"的背诵方法，收效既快又好。

3. 眼到、口到、心到"三结合"

鲁迅小时候在"三味书屋"读书的时候，曾制作了一张小巧玲珑、精致美观的书签，上面写着："读书三到：心到、口到、眼到。"在这里，"眼到"指的是"看"，看准了再读，不可误一个字，不能少一个字，不可多一个字，不能颠倒一个词，总之要一字不差；"口到"是指"读"，要大声朗读，做到字字响亮，句句清晰，语言流畅；"心到"是指边看、边读、边想，仔细琢磨文章的思想内容和篇章结构。如果同学们在背书时能够真正做到这"三到"，那么除了可以加深记忆之外，也有助于深入理解课文。

五、通过观察巧记忆

观察是记忆的开始，同时也是记忆的基础。一个人，如果他的观察能力不强或不准，那么那么的记忆能力也是比较弱的。所以对于学生来说，要特别注意培养自己的观察能力。

第一，要确立观察的目的性。观察记忆法的第一步是要把观察当做是一种有目的、有计划、有步骤和有成果的知觉行动。它是通过眼睛看、鼻子嗅、嘴巴尝、耳朵听、用手摸等有目的地认识周围事物的心理过程。这个过程越认真、越仔细、越全面，那么其效果就越好。

第二，培养观察力要从小抓起。观察力与一个人的认识水平、职业、性格等都有关系，敏锐的观察力是长期磨炼的结果。在欧洲的文艺复兴时期，达·芬奇经常要求他的学生注意某一物体，然后闭上眼睛，慢慢地想象它所有的细节，然后再重新看这一物体，并检查一下自己头脑中的表象有多少和原物相符合，有多少不符合。学生平时走在路上的时候，就要特别注意一些细节，比如商店橱窗陈列物、街道走向或者街名等。这样做，都可以培养自己的观察力。

第三，把观察意识养成记忆习惯。我们经常会说"处处留心皆学问"，这就提示了观察是学习和记忆的基本功这个道理。一个人要观察某种事物或者现象，就必须要有充分的知识准备，并且还要掌握观察的顺序，抓住运动的物体。而对于那些很多年才会出现一次的事物，要及时观察，特别是那些稍纵即逝的事物，更不要与之失之交臂。

学生在运用观察法的时候，要经常给自己提出新问题，克服主观臆想和留心意外的现象，并且要做好观察总结。总结观察的最好形式是观察笔记。徐霞客遍游全国名山大川，经常露宿山野，坚持作好笔记，一天也不间断；达尔文乘"贝格尔号"考察船环球旅行，沿途记下了50多万字的珍贵资料。学生如果想要提高自己的观察力和写作水平，那么就要培养自己作观察笔记的兴趣。

第四，任何人想要具备较好的观察能力，都不可能一蹴而就。观察能力的提高需要长时间的训练，所以，学生在看书、读报、欣赏电视的时候，发现应该识记的对象必须要看准确、看仔细。但并不是反认真看看就行了，而是要开动脑子，把数目、形状、姓名、特征、结构和联想结合在一起。

观察记忆法的要点可归纳如下：观察和记忆同属智力的组成部分，二者之间相互联系、相互制约。观察是为了保证信息的有效输入，而记忆是观察结果的储存和检验。观察力差的人，记忆就成了问题。良好的观察是能够很快掌握客观事物的基本特征，可以说是记忆的加速剂。认真观察是记忆正确的可靠保证，"耳听为虚，眼见为实"，敏锐的观察所得来的信息比较可靠。只有经过仔细观察过的事物，才能在头脑中留下深刻的印象。第一次观察，感到特别新奇，往往终身难忘；如果长期观察，即反复参加的社会实践，那么就会在头脑里不断深化对它的认识。如果在观察中加以认真的思考，达到理解的程度，就能达到长期不忘的效果。

六、怎样提高自己的观察能力

有关专家指出,观察力能够直接影响一个学生的学习水平。如同作家没有敏锐的观察力和善于感知外界变化的心灵,那么就绝对写不出优秀的作品来。随着教学要求的逐渐提高,需要学生学会根据学习和实践任务的要求,能够长时间地集中注意力,对所要认知的事物进行认真观察。除了要把握事物的外部特征,还要抓住事物的主要特征和本质特征,从而更全面地认知事物。

中学阶段正是一个人观察能力的提高阶段。从观察的精确程度上来看主要表现在:对细节的感受能力正在不断地发展、对事物认知的正确性也在逐步加强、对事物的抽象理解也日趋深刻。从观察的目的要求来看,正由被动地观察向主动自觉地观察发展。

相关资料研究表明,初三和高一的学生,听觉和视觉的感受能力都已经达到成年人水平,但是在观察的正确性上,高中生要强于初中生。而观察储蓄的时间也随着年级的升高、年龄的增长而延长。然而,由于中学生的观察力尚处于成长时期,心理品质并不稳定,有时还可能出现倒退,这是需要特别注意的。

我们知道,观察是人认识世界的主要途径,而大量的感性认知都是通过观察获得的。观察力强的人在同一时间观察同一事物所获得的信息要多于观察力差的人。观察力在学生智力发展中起着非常重要的作用，如果观察力发展得好，其他能力也会发展得很好。那么该如何提高自己的观察能力呢？

1. 观察要仔细

平时在观察事物的时候，不可粗心大意，走马观花，否则就会漏掉一些细节。然而在很多时候，正是这些细节起到关键的作用，而错误往往也就出在这里。曾有一位教授给他的学生做过一项有关"食醋"的观察试验，结果绝大部学生由于观察不细心，出了错误。唐朝大画家戴嵩画过一幅《斗牛图》，但是由于他平时观察不仔细，导致"两牛相斗，牛尾高翘"的错误。很多学生也是由于平时看书不认真，结果在做作业和考试时出现这样或那样的错误，而这样的事例不胜枚举。

2. 观察时要抓住事物的特征

在我们现实生活中，有很多事物之间有一定的联系或相近特征，所以在观察这样一类事物的时候，就必须抓住其特征，找出不同事物之间的共性和个性。只有这样，才能获得清晰的正确的认识，才能区别事物。宋朝著名文学家欧阳修曾经得到一幅名为《正午牡丹》的古画，在画中有一簇牡丹和一只猫。欧阳修不理解这幅画为什么题名《正午牡丹》。他亲家吴清看完画后对他说："画中牡丹花瓣红艳，这是牡丹在正午时的状态；再看猫的眼睛，其瞳孔细小如线，正午时分的猫眼也正是这个样子。"欧阳修听后佩服之极。这就是吴清在平时和看画时观察仔细，抓住了事物的特征和要害，从而真正领会了画中的意境。

3. 观察要全方位、多角度地进行

事物的不同性质，往往都是从不同的方面体现出来的。所以说养成全方位、多角度的观察习惯是获取完整信息所必需的条件。同样一件事物，如果从不同角度进行观察就会得到不同的信息。"横看成岭侧成峰，远近高低各不同。"作者就是从横、侧、高、低、远、近等不同的方位观察才勾勒出庐山的壮美的。

　　另外，出于不同的目的和需要，对同一事物的观察也会得出不同的观察结果，文学家主要是借大海的汹涌澎湃抒发自己的情怀；而渔民只是把海作为生活的依靠，从而感悟到它的凶险和恩赐。

第十三章 劳逸结合，保证学习质量

对于学生来说，健康的体魄才是学习的本钱，而一个人的健康状态决定着他的生命质量。可以这样说，不懂得运动的人，就等于不会学习。一个人，即使是有过人的才华，但是如果没有健康的身体，不能说是毫无用处，但这至少也将成为一个极大的缺憾。也就是说，如果没有健康，那么学习的基础就不存在了。所以，学生在平时的学习生活当中，一定要特别注意劳逸结合，该学的时候好好学，该玩的时候好好玩，这样才能够保证学习的效率和质量。

尖子生如是说：

☞ **2009 年山东省理科状元杨晓彤**

我不太喜欢每天趴在那学习，一定要做到劳逸结合，课上认真听讲，该完成的学习一定要完成，课间就不要再学习了，适当地踢踢毽子、打打球放松一下，会有一个更好的思路去面对学习。

☞ **2008 年贵州高考理科状元邹基伟**

不能强迫自己做题，不想做题时，不妨先放一放，找点自己喜欢的事情来调节一下，哪怕就是换成做自己平时拿手科目的练习都可以。而且高三学习大都会比较累，利用体育课和周末的时间适当锻炼一下，做一些自己喜欢的运动，我觉得都对调节心情有好处。

☞ **2011 年厦门文科状元陈晨**

我不喜欢把作业带回家，即使高考前也一样。一周有 6 天在学校只要利用好，回到家就应该放松自己。回家也是会玩电脑、看电影，但都有节制。劳逸结合很重要，有足够的精神学习起来也不那么累，效率也高。

☞ **2013 年高考江西文科状元刘婧**

在学习上从来不打"疲劳战"，每天晚上 11 时半左右必睡觉。高考其实是智力、体力和心力"三力"的较量。智力大家都差不多，体力就是要注重体育锻炼，心力就是要静得下心来，保持一颗平常心，及时调整心态。考得差时，要看到自己的长处，不能气馁；考得好时，要看到自己的短处，不能骄傲。

☞ 2012 年安徽高考文科状元倪慧

我不会很晚睡觉，虽然高三的功课很紧张，但我不会熬到夜里一两点。很反对"开夜车"，除非作业非常多，否则都会保证在晚上 12 点之前睡觉，早晨起床也不会太早，但是上课的时候要非常认真地听讲，主要还是从老师那里获得知识和启发。

☞ 2010 年云南理科状元魏晓宇

由于是走读生，每天早上 6 点就要起床，然后坐公交车去上学，晚上 9 点 30 分就上床睡觉，从来没有熬夜的习惯。

一、$8-1>8$

有这样一个特殊公式："$8-1>8$"。这当然不能算是一个标准的数学算式，它是由我国清华大学的状元们提出来的，是表示学习效益与体育锻炼之间特殊关系的一个算式。在这个公式中，大于号左边的"8"代表着学生在一天的学习中所需要花费的时间，而"1"则代表的是体育锻炼所占用的时间；而大于号右边的"8",代表实际学习所获得的收益。这个公式告诉我们:在一天的8个小时的学习时间中,如果抽出1个小时用于体育锻炼,那么你将会在余下的7个小时学习中,精力充沛,当然所获的学习效益也将远远大于把8小时全部用于学习所收到的学习效益。体育锻炼是一种积极的休息方式,越来越多的事实证明,学习与体育锻炼之间有着密不可分的联系。

我们知道,大脑活动其实同肌肉活动是一样的,经过一定时间就会出现疲劳。一般情况下,脑疲劳表现为反应力下降、思考力减弱、注意力分散、记忆力减退等,再严重一些,就会出现头痛或昏昏入睡的感觉。同身体其他组织相比,人的大脑是最容易产生疲劳的组织。所以,从这个意义上来说,同学们在一天的学习中,在大脑高度紧张的状态下,如果参加适当的体育锻炼,那么对恢复大脑疲劳是很有好处的。

疲劳的出现其实是一种正常的现象,它是人们休息、防止脑细胞过度耗损的一种信号,同时也是一种保护性的反应。一般情况下,人只要经过休息,疲劳就可以消除,大脑也会再度正常工作。有的同学认为自己身体强健,或者认为休息或锻炼太耽误时间,坚持一下就过去了,其实这些想法和做法都是极为有害的。我们都知道,人在疲劳的时候如果继续用脑,那么就会出现想问题想不出好主意、对事情做不出正确判断、做习题算不出正确答案等结果,这样做才是最大的浪费。而且,如果一个人的疲劳得不到及时的消除,那么长期发展下去,就会出现大脑过度疲劳。而大脑的过度疲劳,则会破坏大脑皮层兴奋与抑制的平衡,甚至会造成脑功能失调。在这种情况下,大脑就会出现注意力很难集中、记忆力严重减退、神经功能紊乱等状况。同时,还会出现全身不适、头痛、食欲不振、睡眠不好,甚至还有可能会导致某种疾病发生。而且大脑疲劳一旦发展为过度疲劳,再想恢复正常,往往需要的时间会更长,这样由此所耗费的时间,往往已经超出了你超负荷工作所争得的一点时间。所以,聪明的做法是,一旦疲劳,及时休息，或去参加某种体育锻炼。对于一个学生的学习来说，则更是如此。

二、课间休息更重要

由于学习的极度紧张，中学生的休息质量成了社会广泛关注的问题。但是从众多的评论来看，大多数人都有一个认识误区，那就是周末、法定假期才算是休息时间。其实不然，相比较而言，课间的休息更重要。

人的大脑就好比是一台机器，机器如果连续运转时间太长，会发热发烫；脑力劳动时间一长，就会出现头晕、注意力下降等现象，导致学习效率降低。课间10分钟，就是要让大脑休息一下，以便学生在下一节课中仍然能专心听讲。现代心理学的研究证明，课间10分钟的作用并不仅仅是休息，它还能对学生刚刚学到的知识起到巩固记忆的作用。

科学家认为，人在看书、听讲、学习的时候，就会产生一定的神经冲动，这些冲动通过一定的通路进入大脑，在大脑神经元与神经元之间持续循环，然后再巩固于大脑的一定部位，也就是说，在大脑的一定部位留下了痕迹。

一些心理学家指出，在学习以后的一定时间内，尽管可能自己并没有意识到，但大脑的神经细胞活动还是在持续着。因此，学生决不要忽视课间短暂的10分钟休息时间，它对于巩固上一节课学习内容的记忆是非常有益的。

心理学的大量实验证明，人注意力高度集中的状态能持续35～45分钟，大约就是一节课的时间。超过这个时间，注意力会有所下降，易出现走神、反应慢等现象。因而，提高课间休息质量是非常重要的。

就学生而言，由于面临中考、高考的压力，大多数学生都会全身心地投入学习，初三、高三的学生更是如此，常常会在下课的时候，还在冥思苦想或是奋笔疾书，这也就是为什么毕业班的学生总是抱怨无法集中注意力的原因。另一方面，广泛存在的拖堂、提前上课的现象也大量占用了本就不多的课间休息时间。

然而，大部分学生虽然在休息，却休息得不得当。比如部分学生一到课间便阅读报纸，讨论足坛，待在教室里做毫无意义的"休息"。实际上，这些学生虽然是在做些与学习无关的事情，但是却并没有真正地得到休息。在这些活动中，他们仍处于注意力集中或大脑兴奋的状态，其实质与上课学习无异。

课间休息是消除上课所引起的疲劳，以保持学习效率的重要措施。课间休息应到室外去，这样做有以下几点好处：

第一，可以呼吸到新鲜空气，并且受到阳光的照射，这不但有助于改善脑部的血液循环，还有利于提高下一节课的学习效率。

第二，在室外活动，通过远眺，可以使眼睛得到休息，从而起到了保护视力，预防近视的作用。

第三，可以保证教室充分地通风换气。研究表明，教室中二氧化碳的浓度是随着学生停留时间的延长而逐渐上升的。而空气中二氧化碳含量增多，会影响身体的新陈代谢，加快学生的疲劳，还会引起注意力涣散，思考能力下降等，从而影响学习效果。

在英文中，"rest"和"relax"都有"休息""放松"的意思，可见，休息与放松是分不开的。放松的意思就是对事物的注意或者控制由紧变松，而这也是休息最核心的内容。课间十分钟，学生可以选择到教室外走走、远眺、听听音乐等，都是不错的选择。抛开繁杂的思绪，全身心地投入到一个宁静的精神家园中，才是真正的休息。

会休息的人才是真正会学习、会工作的人。把握好短暂的休息时间，及时地放松、调整心态，劳逸结合，才能达到效率的最大值。因此，希望能够引起学生的重视，通过提高课间休息的质量，使自己的学习更上一层楼。

三、"马拉松"休息站，花香四溢

学习就像是跑马拉松，需要的是恒久的毅力和坚持。而学生在这场马拉松比赛中，不能把"弦"绷得太紧，否则身体肯定会吃不消。所以，学生要特别注意在学习的过程中注意劳逸结合。适当的锻炼身体并非是浪费时间，而是为了以更好的状态来应对以后的学习。接下来，我们来谈一下加强体育锻炼对于身体健康和学习有哪些好处。

（1）积极参加体育锻炼可以增强人的体质，减少疾病对身体的侵害，保持身体的健康，对保持人的思维敏捷，提高学习效率有极大的好处。

（2）经常参加运动锻炼的人，在智力和反应方面明显高于未参加锻炼或极少参加运动的同龄人。

（3）运动可提高血糖含量，大脑活动所需的能量主要来源于糖。运动能使人食欲大增，消化功能增强，可促进食物中淀粉转化为葡萄糖，并源源不断地提供给脑神经细胞使用。

（4）大脑需要氧气和其他营养，经常运动的人，心脑血管会更有弹性，血液循环也更通畅。喜欢运动的人，血液循环量比一般人高出两倍，这样能向大脑提供更充足的氧气和营养，使思维更敏捷。

（5）运动是一种积极的休息方式，运动时，运动中枢兴奋，可快速抑制思维中枢，使其得到积极的休息，有助于提高学习效率。

（6）运动能改善情绪，通过运动，能有效预防和缓解神经紧张、失眠、烦躁和抑郁，避免产生思维和反应迟钝、注意力减退等现象，使人心理更健康，头脑更灵活。

列宁有一句话是这样说的：不会休息的人，就不会工作。而体育锻炼作为一种积极的休息方式，同学们在努力学习的同时，一定不要放松了自身的体育锻炼，更不能忽视休息对学习效率的特殊作用。事实上，我们所熟知的许多伟大的科学家，他们在置身于科学研究的同时，也是非常重视锻炼自己的体魄的。伟大的生理学家、诺贝尔生理和医学奖获得者巴甫洛夫就是一个酷爱体育运动、兴趣广泛的人。他常常从事一些体育锻炼活动，比如划船、游泳、击剑、骑自行车等。他曾告诫人们："科学需要一个人贡献出毕生的精力。假定你们每个人能够活两辈子，这对你们来说还是不够的。"而他认为一个人要想造福人类，就"必须身体健康、精力充沛、智力聪颖……"尽管达到87岁高龄，他仍然精力旺盛。我们可以这样说：巴甫洛夫一生伟大的业绩，有一半是得益于他健康的身体。

所以说，同学们在学习文化本领的同时，一定要注重体育锻炼，增强体质，促进自己全面地发展。

四、找准自己的睡眠周期

睡眠是人类生命运动的一种重要表现形式，减少睡眠而延长学习时间的做法是不可取的，其最终结果也只能是得不偿失。

科学家皮埃尔说："没有必要以牺牲睡眠来成为天才。"而对于极少数精力特别旺盛的人来说，适度地减少睡眠时间也许可以行得通，但是对于大多数人来说是不适宜的。不管怎样，都不可逆生理特点而行。

一般情况下，儿童与少年每天必须保证 8 个小时的充足睡眠，从而满足身体发育的需要；成年人稍微减少，每天必须保证 6 个小时左右的睡眠；而老年人每天睡 4～5 个小时就可以了。正是因为生理特点的不同，老年人通常很少睡懒觉，而少年儿童却几乎都比较喜欢赖床。

而减少睡眠时间的方法效用比较有限，最主要的还是必须要从睡眠本身出发，看看怎样才能提高这几个小时之内的睡眠质量。每个人都有一个生物钟，它在个体的生活中不会轻易改变，所以找出自己的睡眠周期很有必要。

皮埃尔所提供的计算方法是这样的：在每天规律性的时间里人们都可能会有疲劳乏力的感觉。如果用一个礼拜的时间好好记下自己感到疲劳的时间和两个疲劳期的时间差，那么这时就会发现，一个人每天的疲劳期几乎都发生在同一时间段，而两次疲劳的时间差也基本相同。

所以，只要找准了自己的睡眠周期，就可以主动地把睡眠时间计划在睡眠周期之内，而间隔期内绝对不用于睡眠，这样，就可以提高自己的学习效率。这样，不但能使睡眠更加舒适，而且可使体力和精力得以充分的恢复。

因此合理安排睡眠时间，使非睡眠时间的学习效率大大提高，从实际效果上来看是节约了时间。

五、高质量睡眠有"洁癖"

对于学生而言，睡眠对其自身的身体健康有着至关重要的作用。所以，想要保证身体健康，做到高质量的睡眠，那么就必须要了解高质量睡眠需要达到哪些要求，有哪些"洁癖"。我们主要从以下几个方面进行了解：

1. 严守生活节律，按时作息

其实人的睡眠时间是有规律的，大多数人是晚上 10 点左右上床，最容易进入梦乡，然后早上 6 点左右醒来。然而如果打乱了人体的生物钟规律，过早或者过晚上床，就会导致难以入睡。同时，如果过晚或者是过早起床，那么也会表现出倦怠感。除非是万不得已，那么我们最好不要"破例"。只有这样，我们才能够更经济、更有效地利用休息时间。有的学生认为"假期可以随随便便"，什么时候起床、什么时候睡觉完全可以凭兴趣，但是，这样导致的结果只能是给健康与学习都带来不良的影响。

2. 做好准备工作

要想有一个高质量的睡眠，准备工作很重要。睡前我们可以在新鲜的空气里散散步或者是做些轻微的活动，这样就能使大脑里过多的血液运至全身，从而使思想宁静、全身清爽。切记睡前不要吃刺激性的食物（如咖啡、浓茶等），不要吃得太饱，更不要从事剧烈的运动或看惊险小说，也不要在临睡前进行过分兴奋的谈话或讨论等等，这些都可能会引起大脑过度兴奋，从而影响睡眠质量。

3. 创造良好的睡眠环境

研究表明，在睡眠的过程当中，人的器官对外界的信息仍有接受能力。而要使这些器官得到休息，就应该在空气、光线、温度、卧具、声音等方面加以注意。空气应新鲜流通，温度以26摄氏度最佳。睡前室内不宜有过强的灯光，入睡时熄灯为好，白天睡觉的时候应拉上窗帘，睡眠时应尽量避开声响。

4. 适可而止，调剂得当

大量研究证明，睡眠是不能储存的，一个人前天不管睡多久，第二天照样要睡。只有适可而止，才能真正达到消除疲劳、养精蓄锐，又节省时间的目的。超时睡眠，不仅浪费时间，还会使人感觉无精打采，更加倦怠，从而降低了办事效率。但是，如果长期睡眠不足也会导致多种疾病，主要表现为食欲不振、反应迟钝，严重的甚至可能会导致精神病。因此，睡眠应该适可而止、调剂得当。

5. 休息要放松心情

我们讲求劳逸结合，就是要求我们"劳"时要认真、集中精力，"逸"时也要痛痛快快。尽管许多人休息的时间相等，但质量却大不一样，这在很大程度上与个人对待休息的态度有关。平时在睡觉的时候，要保持轻松愉快的心情，不要胡思乱想。很多人之所以会失眠，往往就是由于心绪不宁、睡前过于激动、心事重重等引起的。

此外，午觉也不可忽视。很多勤奋的人都有午睡的习惯，他们一般只需要打个盹，或在沙发、躺椅等处休息片刻，即可精力充沛地投入学习或工作。

据有关研究报告显示，午睡的效果好与不好，关键是何时睡及睡多长时间的问题。该报告认为最易入睡的时间是在中午吃过饭以后，小睡一会可以使人恢复精力。但是午睡时间不宜过长，最好不要超过一个小时。如果时间过长，就很容易使人进入更深的睡眠状态，醒来后会使人更感困乏、难受，甚至打乱自身的生物钟，白天睡过了头，到了晚上就难以按时入睡。

六、保持适度的紧张感

一般情况下，人都会认为紧张是不好的，而安闲宁静的生活才应该是我们追求的目标。这种说法其实并不完全正确。当然，一种安闲的满足是有必要的。事实上，如果每天让自己有一段时间沉思，这也是对时间的最佳利用，但是也有必要保持一定的紧张感，否则就会陷入到一种无精打采的状态。我们知道，机械手表之所以会走动，是因为上紧了发条，否则它就会停止转动。

研究人员发现，其实，适度的紧张感可以大大提高学生的学习效率，使人变得更聪明。

美国芝加哥大学的研究人员首先在松鼠身上进行了这项研究。松鼠通常在长到四周大的时候就会断奶，离开巢穴。它们必须学会应对危险环境并找到回家的路，而通常30%的松鼠不能学会这些，因此也就无法生存下去。研究人员提高了松鼠体内的皮质醇水平，结果发现，皮质醇水平高的松鼠认路能力和反应速度明显提高。

皮质醇是人体内的一种激素，这种激素一般会在体内应激状态的时候产生，而人体在应激反应的时候最直接的表现就是精神紧张。随后研究人员在人身上进行了相关研究。研究人员让受试者对自己在参加考试时的紧张度进行评价，结果发现，那些略有紧张感的人的平均成绩反而更高。这项研究的负责人吉尔·马特介绍，人体内由于紧张而产生的皮质醇能够提高一个人的反应速度，提高学习效率，可以让脑子更灵活。由此表明，当人们在执行某项任务时，适度的紧张感能提高人们完成任务的能力。

人应该保持适度的紧张感，这是一种积极的精神状态。积极的紧张有很多形式，比如必须赶在某一期限之前完成工作，认识到自己的工作将受到评定、和别人竞争的意识等。而这种压力可以把人内在的优秀特质引发出来，迫使他们尽可能有效地运用时间。良好的管理意味着在自己和下属之间应该建立起一种合理的积极的紧张关系，而良好的自我管理也包括给自己施加一些工作压力。

当然，过度紧张也不好，这样就变成了一种消极的状态，而且很容易使人产生一种有害的压迫感。与压迫感有关的头痛和其他疾病常常是因为时间管理不当，给人带来挫折感而造成的结果。

如果长时间地学习而没有适当调节，那么这就不算是有效运用时间的方式。当一个人学习太久之后，精力就会耗竭，而厌烦情绪也会逐渐侵入，在这种情况下，身体感受到的压力和紧张却逐渐增加。如果不及时改变一下学习的节奏，那么很可能就会造成情绪的不稳定、慢性精神衰弱症、头痛、烦忧，以及对一切都感到冷漠等毛病。

第十四章 好心态，好未来

　　一个人要想成功，首先就必须要具备自信这种品质。自信是一种力量，更是一种动力。当一个人坚信自己的生活一定会变得比现在更美好的时候，他的潜能就会无限放大，从而对于未来也就更自信，生活也将更加从容。自信是一种心态，它可以展现出一个人顽强的力量和坚韧的生命力。如果用自信这种心态去战胜不可预知的困难，那么我们也就可以品尝到成功的甘甜。自信就是相信自己，这种相信是建立在对自己的能力有充分的了解、对事情有充分的准备、对环境有充足的认识的基础上，是相信自己的愿望一定能够实现的一种心态。自信是人生重要的心理状态和精神支柱，是一个人行为的内在动力。只有自信的人才能在成功的道路上大步前进。

尖子生如是说：

☞ **2012年河南文科状元于成亮**

"心态决定成功。"于成亮说，他通过无数考试证明了这个理儿。他的父母都是普通工人，平日上班很忙，无暇过多关注他的学习，只是在得知他学习下滑厉害时，才鼓励一下。宽松的环境，让他学习、考试时，能够放下包袱，集中精力考出好成绩。对此，班主任兼数学老师李现生证实说："他能考这么高的分数，一个重要原因就是心态平稳。成绩起伏，对他没太大影响。"

☞ **2010年浙江理科状元李乐**

在高中的学习中也曾遇到过低谷和起伏，自己所做的只是不惧怕低谷，融入到学习的节奏中，自然能够重拾信心。考试时不紧张，即使遇到比较难的科目也能及时调整心态，不影响后面考试的发挥。

☞ **2010年海南高考理科状元王智**

王智平时考试成绩几乎都是年级第一，数学和英语尤其突出，"每次考试王智的数学成绩和英语听力几乎每次考试都是满分。"学习好但却并不是书呆子，因为不管学习有多忙碌，时间有多紧张，每天下午下课后王智的身影都会准时出现在球场或运动场上。"当了22年的老师，我第一次遇到如此轻松应对高考的学生，每位老师对待高考都或多或少地有些紧张，但是他显得比老师还轻松。"

☞ **2010年吉林理科状元程思佳**

之所以取得这样的成绩，关键是要有一颗平常的心，以平和的心态对待考试。就像母亲常说的,只要把卷子上会的题答好就行,不会的题想它也没有用。

一、我相信我就是我

所谓自信,就是指要在认识自己的基础上充分相信自己,相信自己能够在面对困难与挑战的时候,将自己最大的潜能发挥出来,相信自己可以在兴趣和理想的引导下坚定不移地走向成功。自信的人经过一次又一次的尝试得到成功,并因此而更加积极乐观,更加自信;相反,自卑的人因为对失败的恐惧,不得不一次次地体会失败的滋味,并因此可能会变得更加消极悲观,更加自卑。而我们在面对困难时,不要说"我做不到某件事",而要说"到现在为止,我尚未做到这件事,我只要……我就能做到这件事,为了能做到这件事,我要努力做好……""我能……"这才是最积极、最正面、最能提升自信的一句话。自信是人们成功的动力源,在历史上留下名字的那些成功者,无论是政界领袖、学术精英、运动健将或者是商业巨子,他们之所以能够梦想成真,都是因为他们都对自己充满自信,而这正是他们走向成功的动力。

其实在许多人身上,我们都可以看到那种坚强的自信心所产生的巨大力量以及自信心所造就的非凡事业。海伦·凯勒出生十个月就因病而失去了视力和听力,在三岁的时候又哑了。然而,在她87年无光、无声、无语的生命历程中,海伦·凯勒并没有怨天尤人,而是以勇敢自强的精神与命运抗争。她不仅在生活上自立,而且在24岁就完成了大学学业,并且先后完成著作14部。她还为残疾人福利事业四处奔波,建立起一家家慈善机构,把慈善的双手伸向了世界。而正是靠着信心，海伦·凯勒才战胜了生理、生活上的不幸和困难，最终成就了震撼世界的伟业。

我们知道，人的行为是受到思想观念控制的。有什么样的思想观念就会产生什么样的行为，而有什么样的行为就会产生什么样的结果，这个结果又会使人对以前的观念深信不疑。例如，对待语文学习，积极和消极两种观念就会产生两种不同的结果。积极的观念告诉我们：通过阅读、观察和思考，语文素养是能够提高的，只要下定决心，就一定能学好语文。而以此观念为指导，我们就会勤奋学习，坚持不懈，其结果也必然是成绩明显提高。同样，消极观念告诉我们：语文成绩拉不开分数，学与不学都一个样，以此种观念指导学习，那必然是马马虎虎，漫不经心，结果也必然是成绩徘徊不前。长此以往，积极观念会使学生对语文学习更积极、更自信，而后者则会让学生对语文学习更加失去兴趣。

建立自信的方法有很多，你可以尝试以下方法：

1. **挑前面的位子坐**

我们经常会发现这样一个问题，就是在各种聚会中，有一些人都喜欢占据后排座位，他们都希望自己不会"太显眼"。而他们怕受人注目的原因就是缺乏自信。因此，如果想要建立自信，从现在开始，就尽量靠前坐，不要怕显眼。

2. **练习当众发言**

沉默寡言的人，多数是因为对自己的怀疑和不自信。从积极的角度来看，多发言不仅可以使别人了解自己的观点和想法，而且也会增加自己的自信心。所以，要争取多发言，这是自信心的"维他命"。

3. **走路抬头挺胸，步速加快一点**

心理学家研究表明，身体的动作是心灵活动的结果，通过改变走路的姿势与速度，就可以改变心态。所以说，抬头挺胸走快一点，你就会感到自信心在不断增长。

4. **每天运用积极的语言进行自我暗示**

在20世纪20年代的英国和美国，有一句话被成千上万的人反复念叨，那就是:"每一天,在每一方面,我都越来越好。"而正是这句话,使成千上万的人成就了梦想,迈向成功。所以,如果想要成功,那么就每天坚持积极的自我暗示。

5. 尽可能多地体验成功

自信是建立在成功的经验之上的。人们经常有这样的感受,当我们刚接手一项新工作的时候,往往缺乏信心,因为没有经验,所以我们不知道自己是否能够成功。然而,一次小的成功后,我们就可以开心、自信起来,所以我们应该由小及大,逐渐地体验成功,从而巩固我们身上的自信因素。

6. 学会"移植"

把自己在一个领域里取得的成功经历"移植"到需要我们建立信心的领域中来。比如一个学生的英语成绩较差,对学习数学缺乏信心,但是他的语文学得不错,尤其是作文写得很好,并曾获过奖。那么就不妨把作文获奖时的情景"移植"到英语、数学课上,从而使它成为自己自信的源泉。

莎士比亚曾经说过:自信是走向成功的第一步,缺乏自信是失败的原因。如果一个人对自己十分的自信,那么他的学识、才华便会突飞猛进。反之,如果一个人自卑,认为自己干什么事情都不行,那么就会扼杀自己尝试的勇气,终将也会一事无成。

自信心,是一个人相信自己的愿望或者是梦想一定能够实现的一种心理状态,是一个人的自我意识的重要组成部分。而具有自信心则是自我意识成熟的一种表现。可以说自信是力量的源泉,是胜利的保证,它犹如混凝土建筑中的钢筋,是人们自身行事的脊梁。居里夫人有句名言:"我们应该有恒心,尤其要有自信心!"自信心是人们成才必备的一种心理品质。古往今来,凡是在事业上取得成就的人,无一不是以充足的自信心为其先导的。古希腊著名学者阿基米德宣称:"给我一个支点,我将撬动地球。"这是何等气魄的自信,而也正是这种令人惊叹的自信,燃起了他无穷的智慧,使他做出了光照史册的巨大贡献。

其实,不管是在学习还是在生活当中,自信心对我们都有着至关重要的作用，可以说自信是我们成功的奠基石。只要有了它，我们就可以筑起成功之路，从而坚定不移地向着美好的未来前进。所以，只要树立起强烈的自信心，那么我们的学习便已经成功了一半。

二、给自己插上自信的翅膀

对于一个学生而言，要想获得好成绩，就一定要建立起自己的自信心。自信是一种心理习惯，也是一种可以培养的品质。一个人，一旦有了自信这对"翅膀"，那么，他做任何事情都会有所成绩。那么，作为一名学生，如何才能成为一个自信的人呢？

首先，告诉自己"我能行"。为了树立自信心，要心中默念"我行，我能行"。而且默念时要果断，要反复念，特别是在遇到困难的时候更需要默念。只要你坚持默念，特别是在早晨起床后反复默念十几次，在晚上临睡前默念十几次，这样，就会通过自我积极暗示的心理，使你逐渐树立并且增强了信心，逐渐有了心理力量。"天生我才必有用"，其他同学行，我也行。只要努力，方法得当，那么相信自己成绩也会提高。

其次，要努力完善自己。自信并不是盲目自大，一个人在充分接纳自己的同时，一定要努力克服自己的缺点，进一步发挥自己的长处，从而努力提升自己的内在价值。学生如果能够不断在学习上取得成绩，那么他也将收获自信心和毅力。对于学生而言，没有比考出理想的成绩更能增强自信心的方法了。一个人只有通过不断地完善自己，提高自己知识水平，让自己的智慧充分闪光，这样才能对自己愈来愈自信。对于每个人来说，具备丰富的知识是其自信的基础和前提，离开了这一点，自信就不再是真正的自信，而是自负。因此，我们应当切实加强学习，努力提高和丰富自己的知识水平。只有这样，才能够牢固地树立起对于学习的自信心：既不盲目乐观，也不自负、自卑。

再次，要进行积极的自我暗示。心理学所说的暗示效应是指用间接而含蓄的方式，从情感上感染别人，从而对其心理和行为迅速产生影响。利用这一效应影响、教育他人，便是暗示法。而我们自己同样也可以用暗示的方法来影响自己，建立自己的自信，这就是自我暗示法。

第四，主动与他人交往。平时见面主动与别人打招呼，主动问候别人。一般来说，别人也会用问候回敬你。有一句话是这样说的：送人玫瑰，手留余香。你问别人好，别人也同样会问你好；你对别人微笑，别人也会对你微笑。而就在我们和他人在微笑的表示问候时，双方都会感到温暖，感受到人间的真情，这种温暖与真情就可以使一个人充满力量，就会为其增添信心。

第五，看到自己的长处。正所谓"金无足赤，人无完人"，对于每个同学来说，都有其某些方面的不足。因此我们要针对自身的特点，选择某些补偿方法，变弱为强，这样就有利于自信心的建立。比如说某个同学英语成绩可能差些，时常受到老师的批评或是有些同学的"白眼"，但可能他的其他科目学得很好，总成绩总是排在全班的前几名，而且各项体育活动也不落后。对于这样的学生来说，首先是要看到自己的优势，从而很好的树立了自己的信心，然后再在自己比较擅长的基础上，带动弱项，全面进步。

自信心是所有学生都应该具备的良好心理素质，同时也是成功的首要和必备的条件。在现实生活中，有很多家长，从小时候起，就注重培养孩子全面发展，弹钢琴、学美术、学跳舞等，结果孩子不但没有成为全能，反倒可能连中等生都赶不上。于是，这些学生开始变得急躁，不能安心学习，成绩也就每况愈下，自信心也逐渐丧失了。其实，对于一个学生来说，在学习中，每个人都要有自信，要相信"天生我才必有用"。如果你有自信，你就会斗志昂扬，没有什么可以阻止你，难题也将会变得容易起来。

三、过渡期，让你轻松渡过这条河

临近考试，学生应该如何在考试前的这个"过渡期"调整自己，让自己轻松、安全地渡过考试这条河？

1. 临考之前不要改变生活规律

不要在临近考试的几天，改变生活规律，否则只会造成心理上更大的紧张，不但影响休息，还会影响考场发挥。如果在晚上温习功课的时候，眼睛发涩，困乏不堪时，尽量不要靠咖啡或者茶来提神，尤其空腹饮用这些饮料更容易伤身，小睡一会儿是最好的解决办法。

2. 把休息时间排入复习计划中，不要吝惜给自己休息时间

我们经常看到有些考生分秒必争，连吃饭或者上厕所的时间也要省，其实这些都是不可取的。其实，每天吃过晚饭，看看电视新闻或翻翻报纸，不仅可达到休息、放松情绪的目的，同时还可以了解一些社会焦点、热点问题，有助于考试答题。

3. 以考试心态做卷

一些考生认为自己在备考阶段已经做了几个月的试题，所以在临考前一个星期不做，看看就行了。这种做法很有可能会导致考试时手生，影响发挥。所以建议学生在考前应该以大考的心态做些试卷，那么到考试的时候就会以平常心态做卷子。

4. 不要放弃体育锻炼

有的考生为了迎接考试，紧张复习，大有一刻值千金之感。但是，如果连必要的体育锻炼都停止了，这对考生考取良好的成绩却是不利的。长时间看书、复习、做作业，会造成大脑皮层和身体某一部位的疲劳，所以这就需要通过适当的活动、休息来调节和恢复。专家建议，学生在复习一段时间后，进行 10~20 分钟的体育锻炼，使脑神经得到很好的锻炼和恢复再进行复习，那么学习效率便会明显提高。但参加体育活动时，切忌剧烈运动，防止受伤。

5. 放松放松自己的肌肉

学生要把自己的身体放松得像一只在太阳底下睡觉的猫一样软。如果肌肉放松了，那么人的情绪也就放松了，焦虑和紧张也就烟消云散了。所以，在自己感觉疲倦或焦虑的时候，躺下来，或采取一种很舒适的姿势坐在椅子上。绷紧头部肌肉，体会肌肉紧张的感觉，然后放松，体会放松的感觉。照此依次绷紧、放松舌部、颈部、上肢、躯干、下肢的肌肉，体会肌肉紧张和放松的感觉。最后，体会你的肌肉进入完全放松的状态，如果每天坚持这样，一定可以有效地消除焦虑、紧张，使自己的生活更轻松，更有效率。

第十五章　高效复习，合理规划

　　无论是学期考试，或是毕业、升学考试，由于考试的时间集中，考试的科目较多，每到这时，许多同学经常是手脚忙乱，搞得焦头烂额。面对如此众多的复习内容，不知从何入手。看见别人复习数学，自己也拿出数学书复习；看见别人背诵政治复习提纲，自己也跟着背诵政治。"东一榔头，西一棒捶"，搞了半天连自己也不知道记住了些什么。临考之前常常可以看到，有些同学上学走路时在看书，乘车时也在看书，表面上看这些同学似乎学习很用功，其实这是最为典型的学习无计划、无安排、"事到急时抱佛脚"的表现。这样不仅不会获得好的复习效果，而且只会加剧临考前的紧张心理，不利于考前的心理调节，这是不可取的。

尖子生如是说：

☞ **2005年高考湖北理科状元朱师达**

英语考试分为听力、单项选择、完形填空、阅读、改错和作文6个相对稳定的部分，所以在复习中一定要有针对性，如果只是一套套地做卷子，这样既花时间又难以突出重点。我建议同学们最好分专题、找弱项，进行强化练习。完形填空不好就专门训练完形填空，阅读不好就专门训练阅读。在复习阶段，我就是按照这样的思路进行的。当然对于强项的练习也必须要有所保证，以防手生。这样的方法往往能够立竿见影，收到奇效。

☞ **2006年高考安徽理科状元张晨光**

双栏笔记挺有用，哪方面错了就在哪方面总结，即使做对了，花的时间多。及时把老师的思路和自己的思路都记录下来，这是总结的最好办法就是。虽然自己的想法不多，毕竟是原创，以后复习的时候就知道自己当时的想法，遇到同类型的也好对症下药。

☞ **2007年高考山东理科状元赵旭照**

高考复习，尤其是到了冲刺阶段，就不宜再钻研难题、偏题，而是巩固基本方法，注重基础知识。一上高三，我就给自己订了三轮复习计划。第一轮：详细复习每个细节，直到第一次模拟考试结束。第二轮：进行大块内容复习，知识系统化。第三轮：针对高考，练习应考技巧。

☞ 2008年高考广东理科状元许顺

第一，扬长避短。对于很多同学而言，各科知识的掌握程度是有差别的，甚至说有点悬殊。所以，在这个阶段，最好是采取扬长避短的策略，如果有一两门薄弱科目，就要瞄准靶子、对症下药，不让弱科拖后腿。如果有一两门强项学科，就可以把它作为高考的"杀手锏"拿出来，这样就可使分数明显提高。第二，勿下"题海"。这个阶段最为重要的并不是演算那些浩如烟海的习题，而应该是努力培养自己心理上的承受意识以及学习上举一反三、触类旁通的能力。升学考试约80%考的是基础知识和基本能力，而且要想做出那20%难题的功夫，也不是短时间所能练就的；花费大量时间做难题，如果做不出，就会影响情绪，这样只能是自寻烦恼。

一、我有方法，我有效率

怎样才能达到复习的最高效率呢？怎样才能既进一步理解知识、活用知识，又从新的角度融会贯通，而不是简单地重复呢？一些优秀学生总结出以下几点：

1. 整体把握、抓住重点、攻克难点

复习时要做到心中有数，不能胡子眉毛一齐抓，如果哪儿都想抓几下，那么不仅什么也复习不好，反而会觉得越复习越乱。翻开笔记，将所学过的知识重

点、难点都整理一下，可以将各章节的知识用图表的形式归纳整理出来，然后根据前面的简介找出重点、难点。对照自己的笔记，看看自己记得是否全面，查漏补齐。看看哪些地方还是最薄弱的地方，自己能不能解决，不能解决就要找老师彻底弄清，绝不能放过去了。因为课本的编排知识点是系统化的，它不是孤立零散的，而是具有内在联系。因此，只要理清重点、难点就可以有的放矢，事半功倍。

2. 要善于总结自己以往考试时容易出错的地方

在复习的过程当中，可以把以往的试卷找出来，将所有的错题分一下类，找出错误的原因，总结出规律性的东西。如果自己还是不能准确总结症结的所在，可以请教一下老师，看看自己今后应该多注意什么。必须要知道"聪明的人不在原地摔跟头"。复习要讲究因科制宜，而不同的学科有不同的特点，文科以记忆为主，理科则以思考为主。所以在复习的时候，学生一定要根据不同的学科，选择不同的复习方法。

以数学这一学科为例，它是一门需要动脑筋、思考性比较强的科目。如果学生以为只要在复习的时候记住了公式、定理，了解了例题的解法和答案，就可以学好数学，那这样就大错特错了。学好数学的关键，在于活学活用以及如何用这些公式、定理解答各种各样的问题。

3. "过电影"复习法

"过电影"是优秀学生经常用的方法之一。所谓"过电影"，就是指复述反思。学生在开始复习的时候先不要急于去翻书，静下心来独立地把课堂所学新课内容回想一遍。

4. 先回忆后看书

每次进行复习的时候，先不要急于看书，要尽可能地独立思考回忆。遇到难题或者不理解的内容，也不要忙于翻书，先自己想想看，实在想不起来再去看课

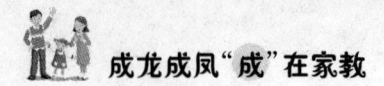

本。这样做，是逼着自己动脑筋，从而有助于强化记忆，提高学习效率。

5. 边复习边整理笔记

在复习的过程中整理笔记，是使所学的知识深化、简化和条理化的过程，整理笔记是一种高效复习方法。在回忆的时候，记不清、回忆不出来的那部分内容，一定要在笔记中把它进行详细的整理。及时整理笔记能够较快地再现课堂上教师讲过的重点内容，同时也能够及时有效地强化对新课知识的理解和记忆。

6. 先看题后做题

在复习的时候，对过去做过的习题有必要再温习一遍。但是，并非是一题不落地再做一遍。看题是把书上的练习、日常的作业、阶段测验的试卷，从头到尾看一遍。除了看题之外，有必要选择部分习题再做一做，尤其是选一些综合性习题做一做。因为平时学习所做的习题都是为了练习当时讲课的内容，针对性较强，而综合性习题则要运用本章或本体系全部知识才能解答的。所以，做一些综合性习题是阶段复习中用来巩固知识、熟练运用知识的必要办法。学生只有通过做综合题才能使知识系统化、完整化。

二、向复习瓶颈说"NO"

在复习过程中，很多学生都会遇到自己的"瓶颈期"。有的同学花了很多精力，似乎并无进展，甚至还有所退步；有的同学时间不足，各科复习难以齐头并进。这样的问题多数同学都会遇到，在复习一段时间之后，往往就会产生停滞不前的状况。不仅复习没有进步，反而出现退步的现象，因而产生灰心失望的情绪。学生一旦遇到这种情况，思想上不要紧张，更不必恐慌，特别是不能悲观气馁，因为这种现象与复习的规律有一定关系。

有人打了一个比方：中考、高考的复习过程，就像是行军走路一样，刚上路，精神愉快、体力充沛，一般进度都比较快；经过一段时间的跋涉，疲劳了，离终点又还远，这时候行进就会迟缓下来，甚至要停顿休息，想别的办法；经过休整，坚持下来，看到目标就在前面，又会鼓足干劲，加快速度。这个比喻非常的恰当，学生的复习过程的确也有类似的特点。

1. 开始时一路前进

在新课学完、明确应考目标任务、复习开始时的效率大多都比较高，主要是因为刚开始复习的时候情绪都比较高涨，兴趣浓厚，注意力集中。另一方面，许多知识技能在系统复习前都已经基本掌握，而复习都是由浅入深、由简到繁、由易到难的。因此，在刚开始复习的这段时间里，学生要特别注意避免由于自我感觉良好而产生轻敌思想，要抓紧时间，不要把今天能完成的学习任务留到明天去完成，但也不能图快，"蜻蜓点水"、急于求成，以致该掌握的基础知识没有能够牢固掌握。

2. 一段时间后出现"学习高原"现象

经过一段时间的复习，内容不断加深、增多。经过长时间单调、紧张、枯燥的脑力劳动，很容易使人的大脑产生疲劳性抑制，造成思维迟钝，反应速度减慢。如果复习方法不正确，而又不注意松弛调节，就更容易产生焦虑情绪和疲惫感，进而注意力难以集中，记忆力明显下降，从而影响复习效率。在这个时候，自己可能会对自己的学习能力产生怀疑，复习进程呈现停滞状态，在心理学上称这种情形为"学习高原"现象。

我们知道，在高原上，空气稀薄、缺氧，会出现一系列身体上的不适反应，但如果经过调整是可以适应的。"学习高原"期内，其实不是复习毫无进步，而是一部分进步，另一部分退步（如遗忘了），两者相抵，致使成绩不见提高。这种"学习高原"现象，常常发生在较低层次的复习进入较高层次的复习的过渡时期，通常是由于学习方法和学习动机相互作用而产生的。所以，有专家提醒：如果学生的复习正好处于"学习高原"期，请不要灰心，可以在老师的指导下，分析、寻找原因，看看是学习方法不对，还是心理因素造成的。同时掌握一些自我调节的方法，这样就可以很快克服"高原缺氧"现象。

3. 最终阶段突然跃进

在"学习高原"现象的后期，往往继以突然的跃进。其主要原因在于：经过了一番努力之后，最后豁然贯通，达到领悟或熟练化阶段，产生"柳暗花明又一村"的感觉；另外，知道考前复习即将结束，思想上准备做最后的努力，行动上随时准备进入冲刺，此时就会产生强劲的动力。

了解了复习过程的三个阶段及其特点后，同学们就应该注意调整好自己的心态：复习开始时不松懈；"学习高原"期不气馁；尽量提前进入突进阶段，满怀信心迎接考试。

三、"多多"不一定"益善"

我们经常会发现这样一个问题：有的学生平时学习非常的刻苦，把时间抓的很紧，甚至连吃饭、上厕所的时间都顾不上，早上起的早、晚上"开夜车"，并且还做了大量的试题。但是即使是这样努力，他的成绩却还是提不上去。相反，有些看起来整天玩的学生却一直名列前茅。很显然，学生在复习的时候，一定要特别注意复习方法，而且必须要注意的是"多多"不一定"益善"。

1. **反对题海战术**

避免题海大战，首先必须要过自己心理这一关。不要对题海战术抱有太多幻想，要知道我们每个人的精力都是有限的。虽然说每个人都应该发挥自己的极限，但是如果超过极限，那么结果也可能使人崩溃。而适当地练习可以开阔我们的思路，帮助我们复习，但过多地练习只会带来大脑的麻痹，只能算是机械化的重复。

2. **重视老师发的练习**

老师是比较了解学生学习状态的人，同时又可以把握考试动向，所以，老师给同学们定的复习资料都是比较重要的。这些资料往往难度适中，题目的数量也可以保证大多数同学都应付得过来。对这些资料，同学们要给予充分的重视。但学习成绩不同的学生，对待这些材料又有不同的侧重点：

对于基础较差的学生来说，一定要把精力放在基础的题目上。比如做数学练习时，看到一个题目，如果和老师上课讲过的例题比较相似，那就尝试回忆老师的作题思路，解出这道题。做题的过程也就成了巩固新学知识的一个过程了。而对于那些自己看上去一点思路也没有的题目，就干脆放弃，等待老师的讲解或寻求同学帮助，千万别把时间浪费在胡思乱想中。

对于成绩中等的学生，总的来说，老师发的练习是最合适的。里面的题目大多也是他们可以顺利做完的，即使对于有些复杂的题目，也只需要绕几个小弯就能够解出来了。而那些偏难的题目，可以通过老师的一两句提示，再加上自己动脑来解决。

对于功底很好的学生来说，在做完老师布置的题目时，多半会感觉"吃"得不是很"饱"。那自然而然就得加点"佐料"——自己准备些练习册。只要注意方法，挑选出适合自己的复习资料就可以了。

3. **不贪多只求精**

胡乱做完10套试卷，还不如用心答完一套试题；脑袋发晕地做完10本练习，倒不如认真钻研一本复习题。面对复习题，不能贪多而贵在求精，重在抓质量。因为考试万变不离其宗，很多题目都是类型题，学生只要掌握了这一类，再做个两三遍巩固一下即可，完全没有必要再做百遍十遍，那样只能是浪费时间，进行低水平的重复建设，只会使自己失去尝试新类型题目的时间。而且，不加分析地胡乱做一堆练习，还很容易造成大脑混乱，把相似的题目混在一起，扰乱思路。所以，只要静下心来吃透一本复习题，做到每一题都会，每种类型都了然于心就行了。

4. 自己要禁得起诱惑

其实题海战术一般都是学生自己造成的，因为市面上的复习资料比较多，五颜六色的极具诱惑力，每本都说可以"带你进清华""圆你北大梦"。面对这样的情况，同学们一定要禁得起诱惑。首先要看习题的质量、水平的高低等，而并非是那些漂亮的封面，要多参考别人的意见再决定是否要买。

四、考前冲刺重点抓什么

对于学生而言，考前复习阶段的冲刺，最为重要的就是要查漏补缺。

有这么一种状况，考前一到两周，有很大一部分考生的备考状况依然没有条理、乱作一团，而且复习效率也不高。当问到他们考试之前最担心的事情时，很多学生都会回答"心中没底"。其实这种现象也不足为奇，因为平时都是在老师的引导下进行考前复习，此时难免会感觉不知所措。学生如果在这个时候还不注意调整方式和方法，那么考试前就会失去再提高的机会。

在考前两周，学生应该怎样安排复习计划呢？心理学家经过研究和实践，提出以下几种做法：

1. 注重查缺补漏

如果学生把以前做错的题，经过整理归类全部记在了本子上，那么现在就可以派上用场了。这个本子平时不会花太多时间看，但是临考前一定要看。同时还要注意看往年的试题，特别是对于那些理科科目，每道大题至少做三遍以上，但是不要为了做题而做题。学生在做题的过程中要整理脑子里的知识结构，把各年的考题进行横向比较。比如同是立体几何题目，每年都会出一道，每年都是中等难度，方法有哪几种等，这些都要记在脑海中。在考前通过横向比较，理清答题线索。

2. 分配好各科时间

最后的备考阶段一定要把各科时间都分配好。尤其是对于即将参加高考的学生而言，距离考试时间越近，就越要规划好自己的时间。每天用两三个小时做数学题，选一套比较合适的数学题，系统地做下去。语文跟着老师走，也是多做题，找考试的感觉。在最后冲刺阶段侧重历史和政治，把以前做过的模拟题拿出来，找出自己在哪些方面还有不足。在复习历史的时候，做选择题是很好的方法，遇到记不清的，可以把书本翻出来好好看一看。复习政治，要特别注意总结类型，正确掌握各类题的答题技巧。答政治题一定要注意联系课本，把课本看透，在做题时要多想一想，从各个角度回答问题。考生在最后冲刺阶段要不急不躁，按固定的学时规律慢慢来，把心态放平稳。

3. 自主复习

同学们复习到冲刺阶段，应合理分配时间，回想一下自己还有哪些方面有欠缺，从而有针对性地进行弥补。由于以前在老师引导下的复习，是针对全体学生的，不一定完全适合自己的情况，如果完全依赖老师的组织复习，而没有自己的一套方案，那么就很难形成自己的东西。在最后的冲刺阶段，学生一定要注意把学过的知识再梳理一遍，在发现问题后及时解决，这样做的话，考前复习才有效果。而且，说不定自己发现的这个问题就是考题。因此，冲刺复习应该由同学们自主完成。

4. 学会科学用脑

冲刺阶段，学习高度紧张，此时要善于转换兴奋中心，使学习富有弹性。精力好时，可以做一些大运算或者大阅读，进行一些创造性思维的学习；在精力不好的时候，可以做一些识记、背诵方面的工作，使大脑功能保持最佳状态。

5. 注意心理调节

即使考试近在咫尺，但时间还是得一天一天地度过。学生一定要注意不要心慌，要始终保持高昂、旺盛的求知心理，对学习充满新奇感和成就感，随时进行自我总结和调试，从而提高自己的学习效率。

五、经常用脑，多喝"N个核桃"

营养物质是人类维持生存和进行学习、劳动所必需的。大脑的营养状况更是直接影响到学生的生长发育、智力水平和学习能力，而大脑营养不良极有可能造成智商和学习能力低下，危害巨大。人脑虽占人体重量不足3%，却要消耗人体40%的养分。因此，在日常学习和生活中，尤其是在最后的复习冲刺阶段，要及时给大脑补充营养，多喝"N个核桃"。

我们知道，人脑的重要成分是：蛋白质、脂肪、糖类、维生素B族、维生素C和E，以及钙、磷、镁等，它们各有不同的作用。含有这些成分又容易被消化和吸收的食物，都可以作为健脑和增进脑力的食品加以利用。含上述各种营养的食物有：

含蛋白质类：各种肉类、蛋、奶、肝、鱼类、豆类以及豆制品等。

脂肪在兔、羊、鸡、猪、牛、鸭、鱼等动物体内以及花生、核桃、葵花子、芝麻、西瓜子、南瓜子松子和杏仁里含量丰富。

糖的摄取主要是米、面食品及食糖。它是增强脑细胞记忆和思考能力的物质。

含维生素B族的主要有：花生、杏仁、芝麻、核桃仁、金针菜、鱼肝和鳝鱼等。它能促进脑细胞蛋白质的功能，使大脑的兴奋和抑制机构更好地发挥作用。

含有维生素C的有：各种新鲜的蔬菜和水果，其中蔬菜、枣、橘子、辣椒含量最为丰富。

含维生素E的有：麦胚油、稻米、莴苣、豌豆、大豆、芝麻、花生、鸡蛋等。

钙的来源主要是鱼类、贝类、虾、蟹等。

含磷多的食品有：玉米、粗面粉、核桃仁、花生米、鲜肝、奶、蛋、黄豆、黄豆芽、鱼和鸡汤、骨汤。

镁能使你保持良好的记忆力，镁是构成叶绿素的重要成分，所以绿色的蔬菜、小麦和巧克力都能提供镁元素。

大脑所需的谷氨酸，被人称之为"智慧酸"，主要从鲜肝、鲜奶、啤酒酵母里获得补充。

给大脑补充营养不能杂乱无章地乱补，必须要遵循均衡饮食、定量饮食的科学原则，只有这样，才能保持大脑能量充足导致适得其反的效果。尤其是对于家长来说，每逢大考，很多家长总要买些补品来对孩子进行"补"脑，大鱼大肉、山珍海味，还有不少家长担心自家孩子营养不足，变尽花样，遍求良方，佳肴美味每天不断。结果是孩子不但没有很好的吸收，而且可能导致腹泻、不舒服、食欲不振，甚至可能因为吃得过多、过杂，增加胃肠道血流供应，而使脑内供血供氧相对减少，最终导致大脑迟钝，思维不敏捷。所以说，合理的饮食习惯对于中学生是十分重要的。

1. 一日三餐，吃饱吃好

以早餐为例：好多同学早餐没有吃好，或者是干脆不吃。这些都对身体损害很大，也不利于提高学习效率。我们都知道，学生的主要课程都集中在上午，上午大脑的工作量约占全天的50%左右，这样的话，早餐的重要性也就不言而喻了。如果不吃早餐或者早餐质量不好，整个上午自己体内的血糖水平就很低。前面提到，大脑工作能量主要来源于食物，这些食物通过消化后转化为血糖供给大脑。正常情况下，人的血糖维持在一定的水平上，从而维持大脑的正常工作。如果不吃早餐，人体所需的食物得不到及时补充，就会产生饥饿感。由于缺乏能量，大脑的兴奋程度降低，这时反应迟钝，思维能力下降，注意力不集中，甚至头昏眼花，大大降低了学习效率。而那些不吃早餐的同学到了上午第三、四节课时，饿得厉害，学不下去。即使勉强学下去，效率也不会很高。

有些同学经常不吃早餐成了习惯，虽然没有感觉到影响学习，但是大脑工作效率已经降低了，只是自己没有意识到罢了。所以说，要养成自己吃好早餐的良好习惯，从而更好地提高学习效率。

2. 营养全面，不挑不择

有些同学吃饭非常挑剔，加上复习期间学习压力比较大，心情不好，而对饭菜挑剔得更厉害，对于这种做法应当加以改变。

一日三餐，营养要全面丰富，并非是要求学生总吃大鱼大肉。学生在学习期间的饮食要多吃富含蛋白质、维生素的食品。如豆制品、牛奶、鸡蛋、鱼虾、瘦肉、新鲜蔬菜、水果……总之食品尽量要多样化。主食以谷物为主，易于消化。这里需要特别强调的是，要适当多吃一些蔬菜和奶制品。而有些同学有偏食习惯，不愿吃蔬菜。要知道，我们所需要的营养就在这些蔬菜之中。还有些同学喝牛奶闹肚子，可以改喝酸奶。总之，不挑不择，保证营养全面。

3. 依靠饮食，不靠补品

我们发现，在考前，许多商家瞄准了应考的同学，大肆宣传各种补品的作用，宣传自家的补品如何能补脑增强记忆力。果真有这么大的作用吗？从已经考上北大、清华的许多同学来看，他们不相信补品的作用，而大多数人也都认为主要依靠平时的饮食。迎考期间家长们出于关心，给学生买各种补品。对于学生自己，如果不愿吃，就实事求是地告诉父母，以免浪费。其实对于大多数同学来说，吃好一日三餐，完全可以满足学习期间营养的需要。

第十六章　决战考场

谁能在考场上决胜，谁就可能在以后有更好的发展，这对面临中考、高考的学生来说，影响更为突出。考场不同于平时的练习，时间是非常有限的，所以学生要特别注意在这有限的时间内发挥出自己的最佳水平。

尖子生如是说：

☞ 2008 年高考扬州理科状元郭星雨

解题格式要规范，书写要规范，过程要规范，作文文体也要规范，这些都是可以在最后考试中提高分数的。要避免不必要的失分，可能平时考试中改卷老师不是太严格，但高考时一定要遵守规范。

☞ 2008 年高考沈阳理科状元毕龛

考试本身也是一门学问，答题顺序、时间分配等都要有所考虑。考试比拼的并不是谁会的多，而是谁失误少，对自己有难度的试题对别人肯定也不简单。所以每当面临难题的时候，我从不急躁，更不会发蒙。虽然理综和数学试卷都有一定难度，但我仍旧正常发挥，理综 126 分的选择题一道没错，语文 60 分的选择题也拿到了满分。

☞ 2005 年高考北京理科状元田禾

树立"每分必争"的信念。在考试的时候，很多同学一旦解题不顺利，就会产生焦躁、沮丧的情绪，轻易放弃得分的机会。其实高考绝大多数题都属于容易题或中档题，一定要冷静应答，决不轻易放弃每一个得分的机会。以数学解答题为例，即使是得不出答案，也要尽量清晰地将思路展现给阅卷人，这样阅卷人也会酌情给分的。

☞ 2002年高考浙江理科状元刘英豪

我的策略就是从头做到脚，遇到难题放一边，每一道难题思考的时间绝不让它超过10分钟，如果10分钟还做不出来那就放一边。如果是平时似乎看到过的题目就要特别引起警惕，可能它会改变一下，所以说要认真审题。

数学考的都是非常基础的，只要平时掌握了基本东西，考试的时候是很容易发挥的，最后难题不好做可以放一边的，有时可能会放在倒数第二道比较难，这样会给有些同学带来紧张感，以致最后一道也放弃了，其实有时最后一题往往是非常简单的，这样应该跳过那道难题先做最后一道。我们这个班是偏重数学的，以前搞数学竞赛的，所以高考的数学题目对我们来说并不难。

一、超准备，超水平

我们经常会发现，很多学生在期中、期末或升学考试之类的考试中往往出人意料地考出了好成绩，相对于平时的学习或考试，可以说是超水平发挥。这其中的奥妙是什么？

考时胜于平时，这样的情况确实存在，其原因也是多方面的。但其中有一点可以肯定，这需要一定的水平作基础。有了这个基础，再加上良好的应试心理，超水平发挥的可能性就会大大增强。根据很多高考成功者的经验，建议大家从以下几方面做一些尝试：

1. **考前热身**

在考试之前，可以按照上下午考试开始的时间各进行一次想象预演，想象自己两次进入考场以及自己参加考试的整个过程。

在考试当天，早上起来要暗示自己：我今天的精神状态、技术状态很好，考试中一切都会非常顺利。

准备好考试用品后，提前1小时左右到达考试地点。

2. **情绪放松**

情绪放松可以使整个考试过程进展顺利。不过，情绪放松也要有一个合适的"度"。情绪如果过于松懈，那么考试则缺乏激情，思维的积极性调动不充分，肯定考不出自己真实的水平；相反，如果情绪过于紧张，则很难调控自己的内部心理状态和外部操作活动，从而影响自己真实水平的发挥。最好的效果是将过于松懈和过于紧张的状态调控到适合考试的中等水平，以维持最佳的应试状态。

以下针对情绪过于紧张的情况，根据专家的研究成果，谈谈如何采取系统性措施，减轻心理压力。

一是运动减压。学生应学会抓住间隙时间来进行体育锻炼，如在学习间隙进行伸伸腰，踢踢腿，做做深呼吸等小活动。正如很多人所指出的那样：现在70%的考生大脑使用过度，而如果能多做一些体育运动，不但能够缓解紧张感，还能增加手脚的协调性，让考生更好地进入考试状态。

二是饮食减压。应大量摄取诸如草莓、菜花、洋葱头、水果、菠菜等富含维生素C的食品。

三是转移减压。即将当前过于集中和过于关注的备考目标，转移到考试以外的事情上去，学会自我调控，及时放松自己。比如参加各种体育活动、与家人或朋友聊天、放学后泡热水澡、双休日抽出时间短途出游，还可以利用各种方式宣泄压抑的情绪等等。

四是睡眠减压。针对考前睡眠时间少、身心过度疲劳的状况，考生应采用多时段睡眠的身心调节方法，建立有规律起居的生活方式。

五是环境减压。营造安静的家庭学习环境和休息氛围，以及亲切、融洽、和谐的人际关系，避免谈及一些可能会导致心理紧张的话题等。

六是过渡减压。采取过渡调节方式，慢慢地减弱学习强度和减少学习时间，不要一下子放开书本不管，而要有一个缓冲的过程。

3. 成功激励

考前自信的心态是很重要的，最好的状态就是考生应该在考前一天努力使自己的自信心达到前所未有的高度。成功激励的主要方法有：

第一，成功事件想象法。对于面临高考的考生而言，经过半年来的高考复习，同学们肯定会有许多成功体验。正如有的同学所形容的那样，这半年的成果不亚于高中三年的收获，相信这话是有一定道理的。考生可以寻找或者是创造一个比较优雅、温馨而微带浪漫情调的环境，闭上眼睛，全身放松，在心中回想以往经历过的成功事件，让自己完全沉浸在成功与喜悦之中，充分体会那种身心愉快的感觉；然后再引导自己的思绪，想象在未来的生活道路上，还会有许多成功在向自己招手，想象这次高考正是通向新的成功的起点，不管考试本身的结果如何，未来肯定是光明灿烂的。注意要想象成功，不要想自己可能会失败；要多想我成功了将会怎样、我怎样做才能成功，而不要想我失败了怎么办。

第二，成功事件鼓励法。找一个本子，把自己以前取得的成就写下来，尤其要突出每次考试或测验的具体成功之处，并在后面标上一句鼓励自己的话，从而更好的发掘自己巨大的学习潜能。

第三，成功心理训练法。可以通过阅读成功人士的传记故事，体会他们的内心表白；或者利用有关心理量表，自己对自己进行成功心理测验，以增强成功信念；还可以听听有利于增强自信心的音乐，唤起自己的成功意识。

二、有策略，考试不怕、不怕

俗话说，"养兵千日，用兵一时。"经过紧锣密鼓的复习，就为了能在高考考场上顺利搏击。面对人生的这次"大考"，考生肯定难免会有些紧张，对于如何调整好自己的应试状态，这就显得非常的重要。学生要想在考试中能正常发挥，就必须注意以下考试策略：

1. 审题时，认真仔细

有些同学可能由于紧张，审题不仔细，没看清楚题目要求就开始做题，结果做了个开头就做不下去；有些同学在做题的时候可能没有注意到一个已知条件，该分类讨论的地方没有讨论，该舍去的项没舍去，结果很可能就会导致失分。

考试时尤其是在做综合题时，要认真审题，弄明白题意，仔细分析清楚各个条件之间的密切联系，并且要注意分析已知条件下隐含的条件。

为了高考不因审题而失分，学生应该从高一高二的时候就要特别注意，在平时做题的时候养成仔细审题的思维习惯。当正确运用一个知识点做完一道题之后，要常问自己这样一个问题：假设这个知识点我不太会，那么能不能通过题目中给出的其他已知条件，推出隐含的另一个条件，从而使题目简单化，迎刃而解。

2. 做题时，放松心态

有的同学可能会对自己的复习状况表示担心，虽然知道自己复习得很充分，但是还是担心在考场上万一哪个知识点没想起来，会影响自己的成绩。在考试中，很多同学只要一看见一道自己感到比较生疏的题型，或者看见字数比较多的题，就会不由自主地紧张。

其实这些都是由于心理紧张而造成的。在这个时候，只需静下心来，认真读题，仔细分析清楚已知条件与求解，然后紧紧抓住已知条件，一步一步地求解。其实，字数多的题目也并不是坏事，字数越多，问题说得越清楚，切入点更多，题目就越明确，学生的解题方向也就更明确。怕的是字数太少，让学生分析不清题意，难以下手。

3. 思考时，平静心态

当然，学生都希望自己可以在考场上发挥出自己的最佳水平，甚至是超水平发挥。但是当遇到自己不太会做的题目时，学生就很容易心慌意乱。当考生因紧张而做不下去时，或在做题的过程中突然卡壳做不下去了，这种情况下就可以停下来进行自我心理暗示，闭上眼睛半分钟，深吸一口气，然后再开始做题。这样心情可能会平静很多。

在平时的学习中，一般都要求学生对所学的知识点要"知其然，更要知其所以然"，但是在考场上，却恰好相反。考场上要求学生在短时间内，当场把这个问题解决，而不是探讨这个问题的来龙去脉。因此，在两个半小时的考试时间内，要既快又准确地解决一个又一个问题，才能在考试中赢得高分，才能最大限度地发挥出考生的实际水平。

4. 不要急于做题

发下试卷，先不要急着翻看考题，而是应当检查试卷是否缺页缺字，再认真填写准考证号码、姓名等其他内容，并且仔细阅读答题要求和提示，一定要把题设条件看清楚再动笔。有些考生为了赶速度，还没有理解清楚题意、弄清条件就急于作答，这样的话只能是白白浪费了自己的时间。

5. 答题应遵循先易后难原则

按照先易后难的原则答题，把最没有把握的和暂时不会做的题目放到最后做，该放弃的题目就要放弃，千万不要因为一两道选择题做不出来就使自己失了阵脚。而最后的两三道题一般难度都比较大，这个时候就需要有所选择，扬长避短，先做熟悉的，将有限的时间用来得分，难题则能做多少算多少，争取将其中较容易的"分"拿到手。

6. 仔细检查计算题的计算过程

仔细检查计算题的计算过程，防止因计算步骤上的失误而造成的错误。建议考生在解题时要一步步进行，不要"跳步"。对拿不准的题目首先必须要在心理上沉住气，看到新题或比较陌生的题时千万不要慌张，根据题目的要求一步步进行推理。

7. 草稿纸使用要得当

草稿纸的使用要得当。草稿纸一般每科只发一张，演算时要合理布局，从而便于检查。打草稿的时候也要像解题一样，一道道接着往下写，步骤清晰。

8. 边做题边涂答题卡

做选择题时要立即涂答题卡，做一道，涂一道，不要错位，防止最后一两道题冥思苦想而忘了时间，到考试结束时再想涂就没有时间了。

9. 保持卷面整洁

保持卷面的整洁，字迹清晰。卷面是否整洁、字迹是否清晰，可能会直接影响到阅卷人的情绪和判断，尤其是作文，卷面不整洁就可能扣分，而如果卷面整洁、字迹清楚也就有可能得到清洁分。

10. 不匆忙交卷

不要和他人比交卷的时间，在做完所有的题目之后，要尽可能地将整个试卷再仔细检查一遍，特别是对那些拿不准的答案需要再推敲一下，不要匆忙交卷。

三、相信自己的眼缘

学生在考场上做题的时候，要相信自己的"眼缘"，相信自己的第一反应，一锤定音。有的学生在做完选择题后，不断复验，反复修改，结果反而吃不准。遇到不会做的题目的时候，要保持冷静，不急不躁，继续做下去，把失分降到最低点。一般而言，卡壳是由于紧张造成的，经过一段时间后，心情放松，头脑清醒，回过头来再做这些卡壳的题，就可能会有灵感的。

一个同学参加一次模拟考试，其中有一道是非题，是关于日本历史的题目："……德川家康先以大板夏之战，之后又以冬之战消灭了丰臣家……"开始，他判断这道题为错，但是再次检查时，突然产生疑问："奇怪！季节的顺序是春夏秋冬，所以夏之战应先发生才对。"经过反复分析，他的思绪越来越混乱，最后"理论性"的推断终于占了上风，他又把自己的答案给改了，结果丢了分。

类似于这种经验的情况，估计很多学生都会有。在考试的时候，对于自己感到疑惑的题目，学生在脑子里常会浮现两种以上的答案，但不知哪一个才是正确的。而"第一感觉"，也就是最先想到的答案，多半是正确的答案。因为当我们回忆的时候，大多是按照自己写的习惯或者说的习惯，而在无意识中浮现于脑际。也就是虽然自己没有多大的自信，然而由于大脑中有那样的储蓄，才会很快浮现出来。尤其是汉字和英文字母的拼写，视觉性倾向很强，十之八九都是最先想到的都比较正确。

四、掌握标准化考试答题技巧

根据以往考生应考的实践经验，参加标准化考试，要掌握以下一些答题技巧。

1. 涂卡方法

（1）审涂分离移植法。这种方法是考生在接到试题后，不急于在答题卡上作答，而是先审题，并将自己认为正确的答案轻轻标记在答题卡相应的题号上，审题后再仔细推敲自己选择的答案是否正确，经反复检查确认不再改动后，再依次移植到答题卡相应的填涂位置上来（按要求将自己选择的答案在答题卡相应题号的选项上涂黑）。这种方法的好处是精力易集中，思绪连贯，不易涂错，答卡纸易保持清洁、平整。考生需要注意的是千万不要在移植中填涂错位。

（2）审涂结合并进法。这种方法是考生在接触试题后，边审题，边在答题卡相应位置上填涂，边审边涂，齐头并进。其好处是不易漏涂，不易错行。但由于是审涂并进，一心二用，易出现填涂不规范，故在审涂同时进行的情况下，应力求一次成功，如再改动，往往不易擦净，修改后的卷面在评卷中极易造成误差。

（3）审涂记号加重法。这种方法是考生在接触试题后，一边审题，一边将选择的答案用铅笔在答题卡相应位置上轻轻记录（可以打钩或轻轻一划）。待审定确认不再改动后，再在记录的答题卡上加重涂黑。其好处是不易漏涂，不易错行，易改动。但要求考生一定要把握记号的轻重。记得太轻，加重时易忽略；涂得稍重，又为将来的修改带来麻烦。考生需要特别注意的是：记录在答题卡上的那些不需要的笔画一定要擦净，保持卷面的清洁，以免因试卷不净造成误差，影响你的考试成绩。

2. 填涂技巧

标准化考试中，考生最容易出现的问题是填涂不规范，以致机器在阅卷过程中产生识别误差。克服这类问题的简单方法是要把铅笔削好。铅笔不能削尖削细，而应相对粗些，且应把铅笔尖削磨成马蹄状或者直接把铅笔芯削成方形，这样，一个答案信息点最多只涂两笔就可以涂好，既快又标准。

防止漏涂、错涂试卷科目和考号，是考生应十分注意的问题。考生在接到答题卡后不应忙于答题，而应在监考老师的统一组织下，将答题卡的表头按要求进行"两填两涂"，即用蓝色或黑色墨水（油）的钢笔或圆珠笔填写姓名、准考证号；用2B铅笔涂黑考试科目、准考证号。做到"两填两涂"后再进行正式答题，可以有效地防止漏涂和错涂。

3. 猜答技巧

选择题存在凭猜答得分的可能性，我们称为机遇分。这种机遇对每个考生是均等的，只要正确把握这种机遇，就不会造成考试的不公平。

（1）单选型选择题猜答得分的机遇。标准化考试用得比较多的是单选型选择题。例如，四选一型。回答这种题目，首先要注意题目说明中是否有答错倒扣分的规定，如没有，当遇到不能肯定选出正确答案的题目时，千万不要放弃，应该猜答。可以先用排除法，首先排除能肯定辨认的干扰项，如果能排除两个干扰项，其余两个选项肯定有一个是正确的答案，再随意选择一项，就意味着这个题目你答对的概率为50%，如果放弃就等于放弃了这50%的得分机遇。即使一个干扰项也不能排除，也不应放弃，四个选项中随便选一项，得分的机遇仍有25%，如果每名考生对自己没有把握的题目都猜一下，那么，机遇对每个人都是均等的，考试对所有考生来说仍然是公平的。如果有的考生放弃了这种机遇，反而会造成考试的不公平。

如果试题说明中有答错倒扣分的规定，对于一个干扰项也不能排除的题目，考生不要猜答。倒扣分的公式是根据概率原理推出来的，这时猜答，得分的机遇与失分的机遇是均等的。但是你若能肯定地排除一个或两个干扰项，余下的选项可以猜答，这时得分的机遇大于失分的机遇。

（2）多选型选择题的猜答机遇。多选型选择题（一般为四选多型），是指已给出的四个选项中，有两个或两个以上选项是正确的，考生必须将全部正确选项选出。多选、漏选均不得分。这样的题目猜答对的机遇是很小的，故不鼓励考生猜选。考生根据自己所学基本知识和基本技能，能确认一个正确答案就选一个，能确认两个就选两个，不能确认为正确答案的选项就不要选，否则可能会画蛇添足。

多选型选择题不易猜答但仍有它的答题基本方法。现简单介绍如下：

A. 消元法。多选题都是两个或两个以上答案是正确的。其干扰项（错误项）最多为2个，因此，遇到此题运用消元法是最普通的。先将自己认为不是正确的选项消除掉，余下的则为选项。

B. 分析法。将四个选择项全部置于试题中，纵横比较，逐个分析，去误求正，去伪存真，获得理想的答案。

C. 联想法。有时对四个选项无从下手，这时可以展开联想，联想课本、练习、阅读材料及其他，从而捕捉自己需要的知识点。

D. 语感法。心理学家认为，一定量的语言材料可以使人们产生对某种语言的融洽自然的感觉，即所谓语感。在答题中因找不到充分的根据确定正确选项时，可以将试题默读几遍，自己感觉读起来不别扭，语言流畅顺口，即可确定为答案。

E. 类比法。在能力倾向选择题中类比法十分重要，四个选项中有一个选项不属于同一范畴，那么，余下的三项则为选择项。如有两个选项不能归类时，则根据优选法选出其中一组选项作为自己的选择项。

F. 推测法。利用上下文推测词义。有些试题要从句子中的结构及语法知识推测入手，配合自己平时积累的常识来判断其义，推测出逻辑的条件和结论，以期将正确的选项准确地选出。

无论是常规型考试还是标准化考试，专家们指出，以下一些考试答卷技巧是要共同掌握的。

一是认真审题。首先读懂题目的内容和形式，看清要求。其次，掌握科学的审题方法：①先粗读快看，了解题意；再精读细看，字斟句酌。②采用圈点法逐渐标出题目的重要信息。③注意题目中的所有材料。

二是先易后难。当中途遇到难题不能突破时，应改做下一道，待其他有可能解决的问题解决后再面对它。这样既可避免丢分又可缓解紧张。

三是整体把握。现在的考题趋向覆盖面大、综合性强，注重考查考生的综合分析能力。因而对整个考试要注意整体把握，防止"只见树木，不见森林"，避免"捡了芝麻，丢了西瓜"。

四是认真复查。在考试结束前，尽量挤出一点时间进行检查，但修改时要注意试卷的整洁，如时间充裕，对有疑问的题目要重新审、重新做。同时要注意，对不同的题型要采用不同的检查方法：对选择题，可采用例证法，举出一两例来分别证明其他选项不对；对填空题，一要检查审题的准确性，二要检查思路的完整性，三要检查数据代入的正确性，四要检查计算过程的可靠性，五要检查答案对于题意的适切性（特别是物理题，要看其单位、数值大小是否合理），六要检查步骤的完备性，看其是否齐全，该添的添上。最后还要看看有无其他方法解题，若有，可用该方法再算一下，看结果是否相同；至于说明题、论述题之类，着重看答案中要点是否全面，表述是否具有条理性，特别是遗漏的要点，应尽可能予以补上。

五、考后自我心理如何调适

在经历了几个月紧张备考之后，考生的各种心理需求会在考试后的一段时间出现"井喷"现象。加上不少家长对孩子的考后心理不像考前那么关注，因此，很多潜在的心理危机就很容易表现出来。

考试过后，由于学生在考前的相当长的一段时间内，都处于高度紧张的状态，在考试时达到紧张的高峰，而在考后一下子松懈下来，这样就可能发生有如下巨大变化：考前有目标、有规律、有依托的生活变得没有目标、没有规律、没有依托；而考前对考试的焦虑也随之变成考后对成绩的忧虑……诸多变化投射到考生内心，就很有可能会导致学生心理上的种种不适。

经过调查主要有以下几种情况：

1. 空虚无聊

有的考生在暂时失去具体的行为目标之后，会感到不知做些什么好，而做什

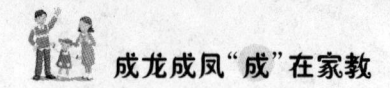

么也都提不起兴趣，过后还会产生寻求刺激和发泄的冲动。

2. 焦虑紧张

绝大多数的考生会有长时间的焦虑产生。由于对考试结果的担忧，自己则会感到明显的焦躁不安，使得这些考生和家长的情绪难以稳定，给别人的感觉是很脆弱，很容易被激怒。

3. 沮丧郁闷

有些考生感觉自己考得不理想，没有达到预期的水平，认为自己不能进入理想中的学校，因而会产生明显的挫折感，导致情绪消沉、悲观失望。

4. 懊悔

有些考生往往因为自己考得不理想而强烈地自责，对考试中出现的失误和对几年来努力学习的自我否定，都会让其产生消极心理或行为，甚至会有自虐冲动。

那么，同学们在考后该如何进行自我心理调节呢？

1. 正确评价自己

身处挫折中，不要成为不良情绪的奴隶，要善于用意志控制自己朝积极的方向思考。始终相信"太阳每天都是新的"，也许以后会有更好的发展。

2. 宣泄情绪

心里难受的话，就找一个合适的时间、地点、对象，向朋友、师长倾诉衷肠；想哭的话就找一个空旷的地方大声地哭一场。要放松自己，不可以把这些消极情绪长期憋在心里。

3. 积极暗示

一个人，如果总是贬低自己、骂自己无能，如果再看看镜子中自己憔悴的样子，就会愈发地责备自己。人应该放松微笑，勇于面对现实，每天从睁开眼睛开始就对自己说："我今天的心情很不错"或者把"胜人者智，胜己者强"等能够激励自己的话贴在醒目的地方，使自己振作起来。

4. 培养情趣

背上背包，去一个地方旅游，登高望远，敞开胸怀；或者去学一种乐器，在学习中忘却不快，增添自信并且充实自己的生活。

5. 做"白日梦"

幻想自己能够成功，想象着自己是一个自信、聪明、有能力的人，从而在大脑中建立起新的自我意象。

6. 不要过分注重结果

对自己极度苛求，或者是对事态过分恐惧，这些都不是积极健康的心态。最好的办法应该让自己学会接受不完美的人生，在家人或是朋友的帮助下重拾信心，努力把现在和将来能做好的事情做好。

7. 胜不骄

我们知道，池塘里的水，如果长期沉积，那么就会变成死水。而流水不腐的根本就在于它能够不断地获得新的水流。对于学生的学习也是如此，这次考试成绩优异，并不能代表以后每次都能够保持，学生在达到自己的学习目标之后，就应该向下一个目标进发。如果不断向新的知识和技能挑战，就能取得最后的胜利。但是如果只是满足于现状，对自己目前所取得成绩感到沾沾自喜，骄傲自大，那么失败的悔恨和痛苦也就离自己不远了。成功和失败之间，永远都只有一步之遥，这个道理学生需要牢牢记住。

8. 生活有序

抑郁的心理会使人产生厌倦懒惰的行为，越是懒于动手做事，心态就越难以调节。所以，不妨列出一个学习、工作、生活的日程表，大事小事都在其中，并且认真地去做。一旦成功地做完一项，那么心里也就会踏实许多。同时，按照正常的生物钟去工作、休息也是很重要的。

9. 给自己的人生做一个规划

考完试之后，学生都应给自己的人生确定下一个目标。只要目标确定了，如果一步一步朝着这个目标坚持不懈地努力，假以时日，目标就会实现。切忌"一叶障目"。如果因为一个短期目标没有达成，就自暴自弃，那么就会影响整个人生。学生需要明白的是，任何过程中的小坎坷都会成为一种跨越坎坷走向更大成功的力量，即使是从头再来又怕什么？年轻人应该始终保持一种奋发向上的闯劲，为实现自己的下一个目标而不懈奋斗。